明けない夜があるのなら夜更かしを楽しめばいい

ネガティブなままこの世を生き抜くための30のレッスン

よでぃ

KADOKAWA

プロローグ

ネガティブな人生は生きづらい。

自分に自信を持つことができず、うまくいかない未来ばかり想像してしまう。

その日にあった些細《ささい》な失敗が頭の中にこびりついて離れなくなり、布団の中で一人反省会。

仲良くなれそうと思っていた人にちょっと素っ気ない態度をとられただけで、「もしかして嫌われた……?」と不安になり、自分から距離を置いてしまう。

そんなことを気にせずに普通に生きている人達のように、うまく生きることができない自分のことを嫌いになってしまう。

ネガティブな人は、まわりの人達に理解してもらえないような孤独な生きづらさの中で、毎日を一生懸命にもがいている。

僕もそんなネガティブな性格であるせいか、思い通りにいかないことばかりの人生を送ってきたような気がする。

中学、高校時代はまわりにうまく馴染《なじ》むことができず、友達と楽しい青春を送っている人や、部活など何かに夢中になって打ち込んでいる人に劣等感を抱いていた。

反対に、大学時代はまわりに馴染もうと頑張りすぎて、合わない人間関係のストレスでアトピー性皮膚炎を発症した。

就職活動のストレスでアトピー性皮膚炎がさらに重症化し、就職をせずに大学を卒業した。

大学卒業後はフリーランスとして活動しようと試みるも、生活リズムの乱れや将来の不安などが原因でうつ病を発症。人生のどん底に叩《たた》き落された。

月明りも街灯もない真っ暗闇の夜道のようなどん底の中で、僕はひたすらに嘆き続けた。

どうして僕ばかりがこんな目に。
どうしてこんなにつらい思いばかりしなければいけないんだ。
どうして僕はこんなにもネガティブなのだろう。
どうすればもっと楽観的に生きられるようになるのだろう。

「明けない夜はない」というけれど、いつまでたっても僕の人生に夜明けは訪れてくれなかった。

だけどある日、自分で自分を責めることにも疲れた僕は、こんなふうに考えるようになった。

「明けない夜があるのなら、夜更かしを楽しめばいいいか」

それは、ある種の諦《あきら》めのようなものだったのかもしれない。

ネガティブな自分がいてもいい。

うまくいかないことばかりの人生でも、生きてさえいればそれでいい。


僕の人生は、その諦めの境地に達したことで、ふっと肩の力が抜けて少しずつ好転していった。


人生のどん底を乗り越えて、僕は「日々の生きづらさのモヤモヤを多くの人と共有したい」という思いを抱くようになり、X（旧Twitter）にて発信を始めた。

ありがたいことに多くの方から共感の声をいただき、出版社の方からもお声がけをいただいた。

そうして、僕と同じようにネガティブな生きづらさを抱えている人の心を軽くする手助けができればと思い、本を出版することに決めた。

この本を手に取ってくれているあなたは、心のどこかで「ネガティブな自分を変えたい」と望んでいるかもしれない。

でも僕自身の経験上、ネガティブな性格を変えることはかなり難しい。

一時的にポジティブな自分に変わったかのように錯覚する瞬間はあっても、気を抜くとまたマイナス思考に飲み込まれてしまう。

大切なのは、**「ネガティブな自分のままで人生を生きやすくするためにはどうすればいいのか」**を考えることだと僕は思っている。

そこでこの本には、僕なりに考えたネガティブな自分のままで生きていくためのヒントを、三つの章に分けてまとめておいた。

第1章は、あなたの心を軽くするための思考のヒントについて。

第2章は、自身のメンタルを守るための人間関係のヒントについて。

第3章は、ネガティブな人生を生きやすくするための行動・習慣のヒントについて。

興味のある項目だけでも、どうぞ気軽に読んでみてほしい。

前を向きたくても、前を向けないあなたに。

「大丈夫！　人生はなんとかなる！」といった、楽観的な励ましの言葉では救われないあなたに。

どうしようもなくネガティブになってしまう自分を嫌いだと思ってしまうあなたに、この本を捧《ささ》ぐ。

ネガティブなあなたのままでもいい。

無理にポジティブになろうとしなくてもいい。

この本を通して、あなたがあなたなりの生きやすさを見出《みいだ》すためのお手伝いをすることができれば、嬉《うれ》しく思う。

CONTENTS

第2章 人の顔色を窺いがちなやさしいあなたの心をすり減らさないために
ネガティブなりの人付き合いのコツ

第3章 これ以上悩む前に自分で自分を救済しよう

消耗しない心の避難所のつくり方

装　丁　坂川朱音（朱猫堂）
本文デザイン　坂川朱音（朱猫堂）+小木曽杏子（朱猫堂）
装画・本文イラスト　そねぽん
DTP　エヴリ・シンク
校　正　パーソルメディアスイッチ

第1章

しょせん人は
バナナなので
人生うまくいかなくて
当然です。

知っておくと心が
楽になる思考

1

心が病んでしまうのは「メンタルが弱いから」ではなく「ストレスに耐え続けてきた」から

「その程度で病むとかメンタル弱すぎ」

あなたはこれまで、そんな言葉をぶつけられたことがないだろうか。

弱音をはいたときに、「考えすぎ」「気にしすぎ」と言われ、まるで「その程度のことで悩むあなたがおかしい」とでも言われているかのような感覚に陥ったことはないだろうか。

あるいは、ちょっとした失敗で気分が沈んでしまい、「どうしてこんなにも私はメンタルが弱いんだろう」と、自分で自分を責めてしまった経験はないだろうか。

僕もうつ病を患ったとき、そのつらさをＳＮＳでつぶやいたところ、「うつになるのはあなたのメンタルが弱いからだ」と心無い言葉を投げられたことがある。

僕は、自分を責めた。

うつになる自分がおかしいのか。

自分のメンタルが弱いだけなのか。

だとしたら、どうしてこんなにも僕はメンタルが弱いのだろう、と。

だけど実際、人はそう簡単に心を病んでしまう生き物ではない。

その証拠に、多少は嫌なことがあっても、「まあいっか」の一言で片づけられる日だってある。

果たして、些細《ささい》なことで落ち込んでしまう日と、楽観的でいられる日との違いとは、いったい何なのだろう。


僕は、そもそもの心が疲れているかどうかに起因するものなのではないかと考えている。

心に余裕があるときは、ある程度の失敗では落ち込まず、受けながすことができる。

しかし、心が疲れてしまうと、ほんの些細な失敗が頭の中にこびりついて離れなくなる。

ストレスにさらされ、疲弊しきった心には、小さな失敗を受容することができるほどの受け皿すらも残されていないのだ。


だから心を病んでしまうのは、断じてあなたのメンタルが弱いからではない。長い間ストレスに耐え続け、心が疲れてしまっているだけなのである。


自分を責める必要なんてものは、どこにもない。

むしろ、ずっと戦い続けてきた自分自身を誇ってもいい。

落ち込むのは、それだけ毎日を一生懸命に生きている証拠であるともいえるのではないだろうか。


ただ、心を疲れたままにしてしまっては、自分自身がかわいそうだ。

些細な失敗が引っ掛かって、今自分の心が疲れているな、と感じたときには、まずそのストレスから自分自身を守ってあげることが必要不可欠。やりたいことをやること。やりたくないことをできる限りやらないこと。会いたい人と会うこと。会いたくない人とは、できる限り会わないこと。

ちょっとしたことで頭の中がいっぱいいっぱいになってしまうときは、心が疲れているサインなのだと考えてみるのもアリなのかもしれない。

むしろ
病まない人のメンタルが
強すぎるだけ

2

ネガティブは
あなたを守る
防衛手段

「どうしてそんなにネガティブなの？」

もしもこう質問されたら、僕はこんな答えを返すだろう。

「知るか。そんなのこっちが聞きたい」

こっちだって、ネガティブになりたくてなっているわけではないのである。

ちょっとうまくいかないことがあっただけで、人生のすべてがうまくいっていないように錯覚する。

自分に自信を持つことができなくて、「どうせ何をやってもムダなんだ」と自己否定してしまう。

他人を妬《ねた》み、羨《うらや》み、劣等感を抱き、自分には生きている価値がないのだと死にたくなる。

そんなネガティブ思考の渦の中を、日々もがきながら生き抜いている。

なぜ人はネガティブになってしまうのだろうか。

約20万年前、ホモ・サピエンスが出現した時代、人々はまだ狩猟採集を生活の基本としていたと言われている。

サイエンスライターである鈴木祐《すずきゆう》氏の『無（最高の状態）』によると、「狩りに出かけなければライオンや蛇に襲われ、天候が悪くなれば飢餓に苦しみ、蚊が運ぶマラリアやデング熱に感染すれば死を待つしかありません」とのこと。まさに命の危険がすぐそばにある環境下で生活していた。

そんな死と隣り合わせの状況においては、「できるだけ臆病になるのが最適解」であり、「ネガティブな情報を敏感に察し、その記憶を長く保てた者ほど〝適応〟」していたと鈴木氏は書いている。

危険な環境の中、いつもポジティブ思考でいると、すぐに危険を察知することは難しくなってしまうだろう。不安になり、焦ることで、身の安全をいちはやく確保する準備ができたのだと思う。
そう考えると、ネガティブであることは生物として自分の身の安全を守るための防衛本能からくるものといえ、そもそも人間はネガティブな生き物であることがデフォルトなのではないだろうか。

それから、人の脳には「ネガティビティバイアス」というシステムも備わっている。

ネガティビティバイアスとは、人間はポジティブな情報よりもネガティブな情報の方に影響を受けやすく、嫌な思い出ほど記憶に残りやすいという心理システムのことを指す。

このシステムの働きのせいで、どれだけ成功体験を積んでもたった一度失敗しただけで自信を失ってしまったり、どれだけラッキーな出来事があってもたった一度不幸な出来事に見舞われただけで「今日はついていない日だ」と気分が落ち込んだりしてしまうのだ。

結局のところ、僕が何を言いたいのかというと、「ネガティブになってしまうのはおかしいことではない」ということだ。

ネガティブな思考や感情が湧いてしまうのは人間として自然なことであり、むしろネガティブこそが人間の本質であると言っても過言ではない。

だから、自分がポジティブに考えられないことに対して落ち込んだりする必要はまったくない。

ネガティブ＝防衛本能と考えると、ちょっと気持ちが楽にならないだろうか。

ネガティブに
なってしまうのは、
あなたがあなたを
守ろうとしているから

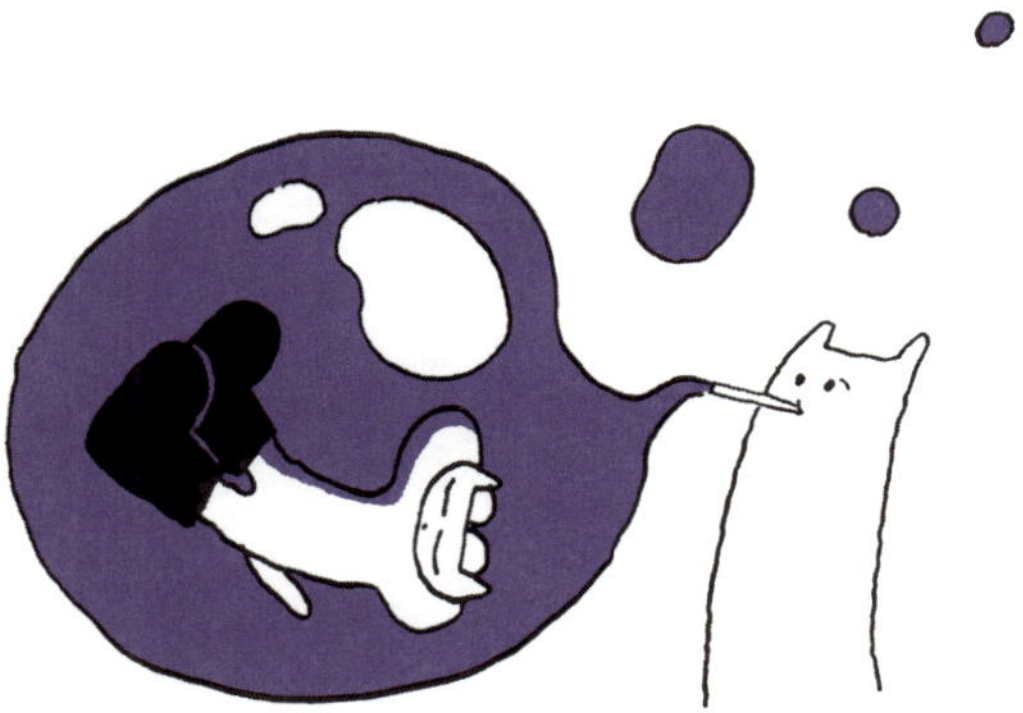

3

人生を生きやすくするためには「ポジティブ思考」よりも「ネガティブな自分も受け入れること」

今の世の中は、「前を向くことこそが正解」という風潮が強すぎるように思う。


「下を向くな、前を向け！」

「弱音をはくな！」

「ため息をつくな！」

「つらいときこそ笑え！」

「人生は楽しんだもの勝ち！」


それはもはや、ポジティブハラスメントといっても差し支えのないポジティブの押し売りである。

しかし、このポジティブ至上主義な風潮のせいで、心をすり減らしてしまい、余計に生きづらい思いをしてしまっている人も少なくないのではないだろうか。

そんな人におすすめしたいのが、**ポジティブでいることを一旦《いったん》やめてみることだ。**

嫌なことがあって気分が落ち込んでも、「前を向けないときがあってもいいよね」と自分を励まし、ネガティブな自分も自分自身であると受け入れてみよう。

僕も昔、ハイパーポジティブ人間を志し、何事も前向きに考えるように努めていた時期がある。うまくいかないことがあって落ち込んでも、「下を向いている時間がもったいない！」と自分を鼓舞し、マイナスな思考を見て見ぬふりをした。「僕なら大丈夫！　僕ならできる！」と自分自身に言い聞かせ、不安という感情に蓋《ふた》をした。

けれど、だんだんと自分の本心を蔑《ないがし》ろにしているかのような感覚に陥り、余計に心が疲れてしまっていることに気が付いた。

そして、結局はネガティブな自分に逆戻りし、「僕はやっぱりダメな人間なんだ」と自分を責めるようになってしまった。

どんなに頑張ったって、前向きになりたくても前向きになれない人間だっている。

根っからのネガティブ人間にとっては、「前を向くことこそが正解」という風潮は、「前を向けないあなたはダメ」と自分自身を否定されていることと同義なのだ。

僕も実際に無理にポジティブに考えず、ネガティブ思考であることを引き受けてみた（自己受容）ことで、肩の荷が下りて、心がスッと軽くなる実感を得た。

本当の自分を抱きしめてあげることができたかのような、そんな安心感を覚えたのだ。


つらいときは、つらいでもいい。

しんどいときは、しんどいでもいい。

自分に自信がもてないのであれば、そんな卑屈な自分ごと愛してやればいい。


実際問題、本当の意味で前を向くことができるのは、心が元気なときだけだ。

つらいことがあって心が沈んでいるときは、まずはその心を引っ張り上げてあげることが先決である。


下を向いてしまう自分も許し、受け入れること。

傷ついた自分を癒《いや》し、励ますこと。

ネガティブな自分ごと受容し、心の回復を図ることができれば、自然と前向きな気持ちが湧いてくるというものだ。

前を向くのは、
落ち込み終わってからでも
遅くはない

4

人の遺伝子と
バナナの遺伝子は
50％一致する。
だからうまく生きられない
ときがあって当たり前。
だって半分バナナだもん

僕はある日、不定期で受けているカウンセリングに足を運んだ。

当時の僕は、仕事や人間関係など何をやっても失敗続きで、「どうして自分はこんなにも上手に生きることができないのだろう」と落ち込んでいた。

これは、そんな僕とカウンセラーさんとの少し風変わりなやりとりの記録である。

「そういえば、人とバナナの遺伝子って50％一致するらしいですよ」

「……はい？」

突然の話に、僕は困惑した。なにしろ、目の前にいる人が唐突にバナナの話を始めたのだから。

「ですから、人とバナナの遺伝子は50％一致するらしいんです」

「いや、聞こえてましたよ。聞こえていたうえで『はい？』と言ったんです」

僕の頭の中はクエスチョンマークで埋め尽くされた。本当に、いきなり何を言い出したのだ、この人は。

「ええと、まず、それって本当の話なんですか？　その、人とバナナの遺伝子が一致するっていう……」

「正しくは、50%一致する、です。嘘だと思うのなら調べてみてください」

その言葉を聞いた僕は、カウンセラーさんに許可をとってスマホを取り出し、

『人間　バナナ　遺伝子』と検索をかけた。

「……ほんまや」

「でしょう?」

検索結果としてヒットしたネット記事には、確かに『ヒトとバナナの遺伝子は、ざっくり50%同じです』と書かれていた。

「……まあ、人とバナナの遺伝子の話はもうわかりました。ですが、どうして突然そんな話を?」

そう尋ねると、カウンセラーさんは少し何かを考えるようなそぶりを見せ、ゆっくりと口を開く。

「要するに、人って半分はバナナなんですよ。みんなが思っているよりも優れた生き物なんかじゃないんです」

カウンセラーさんは口元にかすかな笑みを浮かべ、さらに言葉を続けた。

「だから、うまく生きられないときがあって当然です。だって半分バナナだもん」

僕はそこで、この人は失敗続きでへこんでいた僕のことを励ますために、こんな突拍子もない話を始めたのだということに気が付いた。

そしてその励ましは、確かに僕の心を軽くしてくれた。

「なるほど、人はバナナ……」

「はい。人はバナナです」

人はバナナ。

この言葉は、今でも僕の心のお守りとなっている。

うまくいかないことがあって落ち込んだとき。

僕はなんてダメな人間なのだろうと自分を責めたくなったとき。

この言葉を思い出しては、少しだけ気分を楽にしてもらっている。

ところで、人が半分バナナなのだとすると、他人に対して抱く恐怖や嫉妬《しっと》という感情も少しだけ和らぐ気がする。

理不尽にきつく当たってくる会社の上司も。

なんでもそつなくこなしていて、完璧《かんぺき》な人間であるかのように見える同僚のアイツも。

みんな半分はバナナなのだ。

みんなしょせんはバナナなのだ。

人生は、失敗してしまうときがあって、当たり前。

スベってしまうときがあって、当たり前。

必要以上に、人を怖がる必要はない。

必要以上に、他人に嫉妬する必要もない。

だって、人は半分バナナだもん。

いつも怒っている
あの人だって、
実はバナナ

5

「いつかきっといいことがある」の「いつか」を待つ前に自分に手を差し伸べてあげよう

「いつかきっといいことがある」

この言葉を信じて、どんなにつらい思いをしても逃げずに耐え続けた経験がある人は多いのではないだろうか。

学校のクラスに馴染《なじ》めない。職場で孤立してしまう。まわりの人達のように上手に生きることができず、からっぽな毎日を消費していくだけ。

それでも、我慢していればいつか報われるときがくると、空漠たる希望にすがってしまう。今まさにそんな状況の中、この本を読んでくれている人もいるかもしれない。

でも、耐えながらその「いつか」を待つ前に、まずはどうか自分であなた自身を救ってあげてほしい。

僕も昔は「いつかきっといいことがある」と思い込んでいた。

中学時代はいじめを経験し、高校生になってもうまくまわりに溶け込めず、大学では合わない人間関係のストレスでアトピー性皮膚炎を発症した。

それでも僕は大丈夫。いつかきっといいことがある。生きてさえいれば、人生は必ずなんとかなる。

そう自分に言い聞かせて踏ん張って生き続けた結果、僕はうつ病を患った。

我慢の先にあったものは「幸せ」ではなく「精神疾患」だったのだ。

人生のどん底に叩《たた》き落とされて、やっとのことで僕は気が付いた。

「いつかきっといいことがある」の「いつか」はずっと訪れない。

ただ報われることを待っているだけでは、いつまでたっても世界は僕を幸せにはしてくれない。

それから僕は、今この瞬間、自分の手で自分のことを幸せにしてあげようと決めた。

今の自分が行きたいところに行く。

今の自分が会いたい人に会う。

今の自分が食べたいものを食べる。

今の自分が読みたい本を読む。

そうやって、「今この瞬間の幸せ」を積み重ねていくことで、水面に垂らした絵の具がゆっくりと広がっていくように、僕の人生は少しずつ彩り豊かなものになっていった。

この国には、「忍耐の先に幸福がある」という思想が強く根付いているように感じる。

どんな逆境に見舞われようと、耐え続ければいつか報われる。

どんなに他者から傷つけられようと、我慢していればいつか幸せになれる、と。

しかし、漠然と未来の自分に希望を託したところで、それが叶《かな》うことはめったにない。

今の自分に手を差し伸べてあげない限り、延々と続く真っ暗闇の地獄から抜け出すことはできないのだ。

やまない雨があるのなら、雨音をBGMにして小説の世界に入り込めばいい。
明けない夜があるのなら、夜食とジュースを用意して夜更かしを楽しんでやればいい。

今の自分にできる、自分自身を幸せにしてあげる方法を模索し続けること。
それこそが、日々を幸せに生きていくコツだ。

遠くの将来にばかり目を向けていたら、今の自分がかわいそうだ。
今の自分だって、精一杯につらい現実を生き延びているのだ。
もっと今を懸命に生きる自分自身もねぎらってあげよう。
どうか今の自分の本心を、無視しないであげてほしい。

「今幸せ」を
ずっと続けていけば
「一生幸せ」

6

上ばかり向いていたら、足元に咲く小さな花には気付けない

「下を向いていたら、虹《にじ》を見つけることはできない」（You'll never find a rainbow if you're looking down.）

これは、イギリス生まれの映画俳優であり、映画監督でもあったチャールズ・チャップリンの言葉。

下を向いて、マイナス思考で目を曇らせて生きていたら、世界の美しさに気付くことができない。

顔を上げ、上を向いて生きることで、空にかかる虹に出会うことができる。

これは、確かにその通りだとは思う。

下ばかり向いていたら、その日の空がどれくらい青いのかどうかさえも知ることはできないだろう。

しかし問題は、生きていたら上を向きたくても、どうしても上を向くことができない瞬間があることだ。

限りなく気分が落ち込んで、マイナス思考から抜け出せなくなってしまった経験があるのは、僕だけではないはずだ。

そういうとき、無理に上を向こうとする必要はないと僕は考えている。

むしろ下を向いてしまう時間があるからこそ、見えてくる景色だってたくさんある。

落ち込んでいるからこそ、猫がより可愛い。
落ち込んでいるからこそ、推しがより尊い。
落ち込んでいるからこそ、お風呂《ふろ》がよりあたたかい。
落ち込んでいるからこそ、アニメの名言がより心にしみる。

落ち込んでいるときにしか気付けない、人の温《ぬく》もりやありがたみがあるのだ。

さらに、下を向くときがあるからこそ、人は人に優しくなれる。

自分と同じような痛みを抱えている人の、その痛みに共感することができるようになるためだ。

誰よりも優しい人は、きっと誰よりも傷ついてきた人。
その誰よりも傷ついてきた人だけがまとえる柔らかな優しさこそ、なによりも魅力的で価値のあるものだと僕は思う。

もちろん上を向くことができたのなら、それは非常に素晴らしいことだ。
ただ、下を向いてしまう時間にだって、意味はあるのではないだろうか。

下を向いていたら、虹を見つけることはできない。
だけど、上ばかり向いていたら、足元に咲く小さな花に気付けない。

花はいつだって、足元でゆらゆらと踊っている。
ときどきは、のんびりと花々を眺め、愛《め》でる時間があってもいいのではないだろうか。

山あり谷ありで、喜怒哀楽のすべての感情を味わってこその人生だ。
上を向くことに疲れたのなら、下を向く時間を堪能すればいい。
下を向くことに飽きが来たら、また上を向いて歩きだせばいい。
人生のながれに身を任せて、あるがままに今を生きよう。

下を向いた時間の分だけ
人間としての深みが増す

7

思い通りにいかない人生を生き抜くためには「うまくいくこと」を期待するよりも「うまくいかない」を受容すること

経験者ならわかる人も多いと思うが、うつ病の症状には波がある。

僕の場合、調子が悪い時期は一日中起き上がることさえもままならないような日々が続いたが、調子がいい時期は多少であれば外に出て人に会うこともできた。

以前、そんな調子がいい時期に友人と連絡を取り、一緒にボードゲームをして遊ぶ約束を取り付けたことがある。


久しぶりの外出だったために、僕のテンションは高まった。

早くその日が来ないかと、ワクワクしながら毎日を過ごした。

数日が過ぎ、約束の当日。

僕は体調が急激に悪くなり、予定をキャンセルせざるを得なくなった。


結局はこうなるのか。

僕は人生を楽しむことも許されていないのか。

たかが遊ぶ約束が一つなくなっただけではあるが、どうしようもなく気分が落ち込み、なにもかもが嫌になった。

人生なんて、しょせんは思い通りにいかないことばかりのクソゲーだ。

このように「人生が思い通りにいかない」と嘆きたくなる状況の背景には、必ずといっていいほど、とある感情が隠されている。

その感情の名前は、「期待」という。

うまくいくことを期待し、その期待通りの結果が得られなかったときに、人は落ち込むのだ。

とはいえ「人生は思い通りにいかない」というのもまた、まぎれのない事実である。

人生のありとあらゆるイベントにおいて、「運」という要素が執拗《しつよう》に絡んでくるためだ。

仕事で成功することができるかどうか。

病気にならずに過ごせるかどうか。

スポーツでいい結果を残せるかどうか。
心から愛しあえるパートナーと出会えるかどうか。
それらのすべてに「運」は作用する。

無論のこと、望み通りの結果を得られるかどうかに「努力」という要素も大きく関与していることを否定するつもりはない。

それでも、運という名の悪魔の気まぐれで物事の結果が決まる場合も決して珍しいことではないというのが、この現実の正体であると僕は考えている。

だからこそ大切なのは、そんな思い通りにいかない現実を受け止めるための心のクッションを備えておくことではないだろうか。

人生は100%自力でコントロールすることができるものではない、と頭の片隅に置いておくこと。

期待通りの結果が得られなかったとしても、「そんなときもある」と受け入れること。

「うまくいくこと」を期待するのではなく、「うまくいかない」を受容すること。

それこそが、思い通りにいかない人生を生き抜くためのコツなのだ。

そして、目の前の現状を受け止めて、「じゃあどうすればいいのか」と思考を巡らせ、今の自分にできることを積み重ねていく。

理不尽な現実と戦うためには、そうやって自分で自分を守りながら少しずつ前に進んでいくしかないのだろう。

もちろん、期待通りの結果を得ようと頑張っている自分自身へのねぎらいも忘れてはいけない。

運ゲーでクソゲーな人生を戦い抜いている皆様方、生きているだけで天才です。

心のクッションが
世の中の理不尽から
自分を守ってくれる

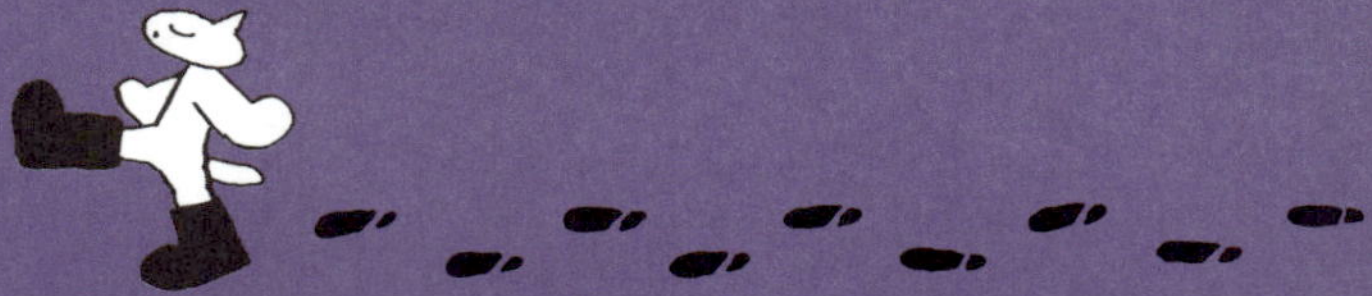

8

「～すべき」「～しなきゃ」ではなく「どうしたいか」を考えよう

僕はずっと、自分で自分の人生を不自由なものにしてしまっていた。

「誰とでも仲良くしなきゃ」という思いで、苦手な人とでも笑顔で接した。

「休まずに頑張らなきゃ」という思いで、睡眠時間を削って仕事をした。

そして、合わない人間関係や生活習慣の乱れが原因で、ひどくメンタルを病んでしまった。

絶望の淵《ふち》に立たされて、「僕の人生はもう終わったんだ」と嘆き続けていたある日、頭の中にふとこんな思考が湧いた。

「どうせぜんぶ終わってしまったのなら、**生きたいように生きてやろう**」

僕はその日から、自分の本心を最優先にして毎日を生きていこうと決めた。

誰とでも仲良くしようとすることをやめ、気が合う人とだけ関係を続ける。

しんどいときは素直にしんどいと認め、休むときはしっかりと休む。

「普通」や「常識」に縛られず、自分のペースで日々を生きる。

そうやって、「どうすべきか」ではなく「どうしたいか」を大事にすることで、肩の力を抜いて毎日を歩んでいくことができるようになっていった。

まるで、縛りつけられてがんじがらめになっていた鎖が、少しずつほどけていったような感覚だった。

メンタルを病みやすい人が抱えがちな認知のゆがみとして、「べき思考」というものがあるらしい。

「べき思考」とは、「〜すべき」「〜しなきゃ」というように、義務的な思い込みに縛られて自身の生き方を決めてしまう傾向のことを指す。

例えば、「いい大学に入るべき」「安定した企業に就職すべき」「友人をたくさん作らなきゃ」「20代のうちに結婚しなきゃ」などといった思考が挙げられる。

僕がずっと生きづらい人生を強いられていたのは、まさにこの認知のゆがみが原因の一つだろう。

しかしそれは裏を返せば、「べき思考」という鎖から解き放たれれば、より生きやすい人生を送れるようになるということでもある。

自分自身の本心に従い、今よりももっと気楽な心持ちで毎日を過ごせるようになるのだ。

「どうすべきか」よりも「どうしたいか」。

世間から押し付けられた正しさではなく、自分の心がどうしたいと叫んでいるのか。

人生は、自分が思っているよりも、ずっとずっと自由なものだ。

そうはいっても、いきなり「べき思考」を丸ごと手放すことは非常に難しい。

なぜなら「べき思考」とは、物心がついてから今日に至るまでのすべての人生を通して徐々に培われていったものであるためだ。

だからまずは、自分の中にある「べき思考」に気付いてあげること。

「〜すべき」「〜しなきゃ」といった思考が湧いてきたときに、「あ、今のって『べき思考』だったのかな」と観察するような感覚だ。

次に、その気付いた「べき思考」を否定せず、「そんなふうに考えちゃうときもあるよね」と受け入れてあげること。

実は思い込みというものは、無理に追い出そうとするよりも、存在そのものを受容してあげた方が、手放すことができるものなのだ。

そして、自分が本当にやりたいと思っていることを日常に取り入れてみること。

いきなり多くを取り入れようとするのではなく、ちょっとずつ挑戦を重ねていくことが人生を変えるコツだ。

焦らず、無理せず、ゆっくりと。

あなたがあなただけの人生を歩むことができる日が訪れることを、心からお祈り申し上げます。

自分にとっての「正解」は、
頭で考えるものではなく
心の中で感じるものだ

9

他人に
優しくありたいのなら、
まずは
自分自身に
優しくあること

自分に厳しく。他人に優しく。

そんな在り方こそが美徳だと考えている人は多いのではないだろうか。

僕も誰に強制されたわけでもなく、なぜか「そう生きることが正しい」とずっと思い込んでいた。

まさに先述した「そう生きるべき」という「べき思考」に縛られていたのだ。

でも実際は、他人に優しくするためには、自分への厳しさをゆるめてあげる必要がある。

自分に厳しくし続けると、だんだんと「自責の念」へと変化してしまう。

最初のうちは「まだまだこんなもんじゃない！」「僕ならもっとできるはず！」と自分に発破をかける程度のものでも、気が付けば「どうして僕はこんなこともできないんだ」「どうして僕はこんなにもダメな奴なんだ」と、自分で自分を否定するようになる。

僕もそうやって自分自身を傷つけてしまったせいで、身体の傷としてアトピー性皮膚炎を、心の傷としてうつ病を発症する結果となった。

それだけではなく、自分に厳しく生きることで、他人にも同じ厳しさを求めるようになってしまいがちだ。

他人のちょっとしたミスさえも許すことができず、「なんでそんなこともできないの？」とイライラしてしまう。

そんな短気な自分自身にも嫌気がさし、「どうしてこんな些細なことでイライラしてしまうんだろう」と自己嫌悪の沼へ。

そんな精神状態で、「他人に優しく」なんてできるわけもない。

僕自身、ときには他人に優しくできる瞬間もあったけれど、それは見返りを求めた優しさだった。

だけどこちらが与えた優しさに対して、同等かそれ以上の見返りが必ず返ってくるとは限らない。

そのことに対しても「せっかく優しくしてあげたのに」と驕《おご》り高ぶる自分がいて、ただひたすらにイライラが募っていくばかりだった。

だからこそ大切なのは、まずは自分自身に優しくしてあげること。


疲れたときは無理をせず、きちんと休息をとる。

頑張った自分を褒め、頑張れなかった自分も許す。

嫌なことがあって落ち込んだ日くらいは、うんと自分を甘やかす。

下を向いてしまう自分も受け入れ、好きなことをして過ごす。


そうやって自分自身に優しさを注いであげることで、少しずつ心のコップが満たされていく。

そのコップからあふれ出る優しさを、他の人のコップにも分け与えてあげる。

それこそが、本来の優しさのかたちであると、僕は思う。

優しさとは、ただ一方的に相手に与えるものではない。

優しさとは、人とわかち合うものなのだ。

人に優しくありたいのなら、まずは自分に優しくあること。

自分自身への思いやりの心も、蔑ろにしてはいけない。


心が疲れてしまいがちな人は、きっと自分自身に対して厳しすぎる人だ。

自分に厳しく生きることはストイックでかっこいいことではあるが、そのぶん自分への気遣いも忘れないでいてあげてほしい。


まずは自分に優しくしてあげることで、見返りを求めず、心の底から他人に優しくすることができる。

自分で自分を甘やかすことは、決して罪などではないのだ。

他人に優しくなれないのは
「性格が悪いから」ではなく
「心が疲れているから」

10

「何ができるか」よりも
「何が好きか」で
人生は豊かになっていく

「あなたの特技は何ですか」
「あなたの長所は何ですか」

自己紹介や自己PRをする際に問われる、これらの質問が僕は昔から苦手だった。

なぜなら僕には人に自慢できるような特技はないし、これといって特筆すべき長所も持ち合わせてはいないためだ。

僕よりも頭がいい人はたくさんいるし、僕よりもスポーツができる人だってたくさんいる。

リーダーシップに長《た》けているわけでもないし、行動力があるわけでもない。

僕はなんの取柄もない、ただのからっぽな人間なのだ。

そんな特技も長所もあまり持ち合わせていない僕だけれど、「好きなもの」ならたくさんある。

アニメや漫画、ゲームに小説。

推しや猫、花や散歩……

少なくとも、両手の指では数えきれないくらいにはたくさんある。

僕はこの「好きなもの」を増やしていくことで、人生は豊かなものになっていくのではないかと考えている。

好きなことをしている時間は、嫌なことを忘れていられる。

「何が好きか」は絶対的に自分軸の観点であるため、他人と自分を比較して劣等感を抱くことがない。

そしてなにより、好きなものに触れているときの自分自身は、ちょっとだけ好きでいられる。

「何ができるか」ばかりに着目すると、「できない自分」が浮き彫りになる。

一方で「何が好きか」に着目すると、自分の人生も捨てたものではないなと思えてくる。

「何ができるか」よりも「何が好きか」を大事にすることで、人生の幸福度が高まっていくのだ。

無論のこと、この世界から求められる「何ができるか」だって大切な要素であることは間違いない。

自分の中の「できること」に自信を持つことができているのであれば、それはとても誇らしいことだ。

だけど、自分にとっての「できること」が見つからなくてしんどい思いをするくらいなら、無理にそれを探そうとする必要はない。

そもそも、苦しみだらけのこの世界を、毎日生き抜いているだけでもたいしたものだ。

特技なんてなくてもいい。

長所なんてなくてもいい。

生きてさえいればそれでいい。

そのうえで、自分の好きなもので日常を彩ることができたのなら、それだけでもう十分だ。

ただ、心が疲れているときは、自分の好きなものは何かがわからなくなってしまうものだ。

そういうときは、まずは無理をせず休息をとること。

心の余裕が回復してきたら、あなたにとっての「好き」を、ゆっくりと見つけていってほしい。

「好き」という気持ちは、
誰にも止められない！

11

あなたを救う魔法の言葉「過去の自分は赤の他人」

仕事で失敗をしてしまった。

人との会話の中で余計な一言を発してしまった。

どうしてもっとうまくやれないのだろう。

どうしてあんなことを言ってしまったのだろう。


こんなふうに、過去の失敗がフラッシュバックして後悔の念に苛《さいな》まれる瞬間が訪れたとき、思い出してほしい合言葉がある。

それは「過去の自分は赤の他人」。


一時期、僕はフラッシュバックの地獄に苦しんだ経験がある。

過去の失敗を思い出しては消えたくなり、ネガティブ思考をなんとかして頭の外に追い出そうと試みた。

それでも考えることをやめられず、思考の荒波に飲み込まれるような感覚が僕を襲う。

何にも集中することができなくなり、考えすぎのストレスで頭がパンクしてしまいそうだった。

ある日、こころのお医者さんにその悩みを相談したところ、こんな答えが返ってきた。

「過去を後悔するということは、それだけ今の自分が成長できている証拠です。過去の自分は、もはや赤の他人くらいに考えておくといいと思いますよ」

この言葉を聞いたとき、僕の心にじんわりと温かいものが染みわたっていくのを確かに感じた。

もう自分のことを責めなくてもいいのだと、許しを得たような心地だった。

この考え方を意識するようにしてから、僕は後悔の念に苦しめられることが減っていった。

それは「後悔すること自体がなくなった」というよりは、「後悔はしても自分をあまり責めなくなった」といった感覚だ。

今でも過去の失敗を思い出す瞬間は度々あるけれど、「そのときの自分は今となっては赤の他人のようなものだ」と捉《とら》え直すことで、一歩引いた目線で自分が犯したミスを顧みることができるようになった。

人生に後悔はつきものだ。

「悔いのないように生きよう！」と口にする人をしばしば見かけるが、僕のようなネガティブを拗《こじ》らせた人間にとっては、そのような楽観的な生き方は夢物語にすぎない。

だから、後悔はしてもいい。

だけど、後悔してしまう自分を責める必要はまったくない。

そして、後悔を後悔のままで終わらせるのはもったいない。

後悔は、今の自分をより成長させるための糧として活用してやろう。

大切なのは、過去の自分の過ちを客観視する目線を身に付けること。

起きてしまった過去を変えられないと頭でわかっていても、他人から「考えすぎだよ」と言われても。

つい自分を罰するように責めてしまうループにハマったときにあなたを救う合言葉が、「過去の自分は赤の他人」だ。

後悔することができる人は、
自分の過去に
責任を持てている人

第2章

人の顔色を窺いがちなやさしいあなたの心をすり減らさないために

ネガティブなりの
人付き合いのコツ

1

ありのままの自分なんて
無理して
見せなくたって
大丈夫

「ありのままの自分で生きよう」

現代を生きている多くの人が、一度はこのフレーズを聞いたことがあるだろう。

自分を偽らずに、ありのままの自分をさらけ出すことが人間関係において大切な在り方なのだという。

しかし、ありのまま自然体でふるまうことは素敵だけど、いつも他者の前でありのままでいる必要なんてないと僕は思っている。

私は私のままでいい。ありのままでいればいい。

一見きらびやかなこの言葉は、ときにあなたを苦しめる言葉にもなる。

人間関係において、どのような自分で他者と接すればいいのかに悩んでいたころ、僕はありのままの自分でいようという言葉を聞いて自身の在り方の正解を提示してもらったかのような感覚を抱いた。

僕は僕のままでいようと、そう自分に言い聞かせて、素の自分のままで人と接するように努めた。

だけどそれは、新しい苦難の始まりに過ぎなかった。

どんなにありのままの自分でいようと努めても、人に嫌われることは怖いし、どうしても他人に気を遣ってしまう瞬間もある。

それでもめげてはいけないと自分を律し、素の自分でいようと意識し直す。

けれどだんだんと、ありのままの自分でいようとすることに疲労感を覚えるようになる。

最終的に、どんな自分が「ありのままの自分」なのかがわからなくなってくる。

そもそもの話、「ありのままの自分でいよう」と頑張っている時点で、果たしてそれは「ありのままの自分」と呼べるのだろうか。

「ありのままの自分を演じている自分」という、矛盾した状態を生じさせてしまっているだけなのではないだろうか。

僕はこの矛盾こそが、対人関係における息苦しさの一つの要因であると考えている。

自分自身の在り方に正解を求めようとすればするほど、かえってどう振舞えばいいのかがわからなくなり、生きづらさを感じてしまうものなのだ。

だから、無理にありのままの自分を人に見せようとする必要はない。

ときに他人に気を遣ってしまったり、ときに偽りの自分を演じたりしてしまっても、それも一つの生きる術《すべ》なのだ。

ありのままの自分を受け入れることは生きやすい人生を送るうえで重要なことだが、その姿は必ずしも他人にさらけ出さなければいけないというものではない。

「ありのままの自分を大切にすること」と、「ありのままの自分を他人に見せること」は、また別の話だということだ。

ただ、「この人と一緒にいるときの自分はあまり気負わずにいられるな」と感じられる相手も稀《まれ》にいる。

変に気を遣わず、むしろ一緒にいて安心感を覚えるような、そんな人との出会いが稀にある。

そういった人と過ごす時間こそが、人生を豊かにしてくれるものなのだと僕は思う。

ありのままの自分でいることが難しい世界だからこそ、ありのままの自分でいられる人との繋《つな》がりは、かけがえのない人生の財産なのだ。

結局のところ、人との距離感に絶対的な正解はない。

ありのままの自分なんて、無理して見せるものではない。

ありのままの自分を見せてもいいと思える相手にだけ、見せればいい。

自分がいちばん「心地いい」と思える在り方こそが、自分にとっての正解の生き方なのではないだろうか。

ありのままでは
いられない自分も、
自分自身であることに
変わりはない

2

人間関係の悩みの本質は、他人に対する「期待」にある

信じていた人に裏切られた。
そう感じた瞬間に、人はひどく絶望感を覚えるものだ。
嘘をつかれたとき。
約束を守ってもらえなかったとき。
相手が自分の思い描いていた人物像とは異なっていたとき。
相手を信じた自分の心を蔑《ないがし》ろにされたかのような、強い寂寥感《せきりょうかん》に襲われる。
そのような経験をしたことがある人は、少なくないだろう。

僕もずっと、他人を信じ続けて生きてきた。
人を信じるということは、尊い行いなのだと、そう思っていた。
けれど、他人のことを信じた分だけ、裏切られたと嘆く日もあった。
幾度となく悩み、傷つき、苦しんだ。
だんだんと、僕は人を信じることが怖くなっていった。

しかし、そもそも「信じる」とはいったい何なのか。

相手に対してああしてほしい、こうであってほしいと願うのは、果たしてその人のことを心から信じているといえるのだろうか。

それはただ、「信じる」という言葉の美しさを隠れ蓑《みの》にして、一方的な期待を相手に押し付けてしまっているだけなのではないだろうか。

さらに、人が人間関係で傷つくのは、いつだって相手に対して期待を抱いているときだ。

自分が期待していたものとは異なる相手の言動や行動に、心がダメージを負ってしまうのだ。

すなわち、「信じていたのに裏切られた」のではなく、実際はただ自分の中の期待通りではない相手の一面が垣間見《かいまみ》えた、という事実がそこにあるだけなのだ。

大事なのは、他人に過度な期待を寄せないこと。

他人は必ずしも自分の思い通りに動いてくれる存在ではないのだと意識して

おくこと。

そして、目に見える相手の一面だけが、その人のすべてなのだと思い込まないこと。

「他人に期待しない」というと、少し冷たい態度であるかのように感じる人も多いかもしれないが、決してそんなことはない。

「期待しない」とは、独りよがりな理想を相手に押し付けることをやめ、あるがままの相手の姿を認めるということ。

どんな相手の姿もその人の一面なのだと受け入れて、フラットな目線で人と接するということだ。

そのようにして、あるがままの相手の姿を否定せず受容する心の在り方こそが、本当の意味での「人を信じる」ということなのではないだろうか。

ただ、誰に対してもそんな仏のような心の在り方を貫けというのも、また難しい話だろう。

実際、誰もが自分の気持ちを尊重してくれるわけではない。

中には平気で他人を傷つける人もいるし、他人の気持ちをまるで考えていない人もいる。

だからこそ、きちんと他人の気持ちを理解しようと寄り添ってくれる人は、
きっと誰よりも優しい心の持ち主なのだと僕は思う。

心の底から信じたいと思えるような人との出会いを大切にしていきたい。

人の気持ちを
考えられる人が
優しすぎるだけなのかも
しれない

3

理不尽な怒りをぶつけられたとき、心の中でまで謝らなくたっていい

世の中には、理不尽な怒りをぶつけてくる大人が少なからず存在する。

「わからないことがあったらすぐに聞いてね」と言ってくれたはずなのに、いざ質問をすると「ちょっとは自分で考えろ」と言ってきたり。

そのくせ、いざ自分で考えてミスをすると、「使えないな」「もっと頭使えよ」と責め立ててきたり。

納得がいかない不合理に、心をぐちゃぐちゃにかき乱されて、これって自分が悪いのかなと思ってしまう。

しかし実際は、怒られる自分が悪いわけではなく、理不尽な怒りをぶつけてくる人の精神が未熟なだけである場合がほとんどである。

だから誰かに理不尽な怒りをぶつけられたときには、口頭で謝っても、あなたの心の中でまでも謝らなくたっていい。

僕が居酒屋でアルバイトをしていたとき、つねにピリピリしていて周囲に不機嫌をまき散らす先輩がいた。

些細《ささい》なミスをしただけでも大声で名前を呼ばれ、「こんなこともできねえのかよ！」と責められる。

忙しい時間帯になるとイライラをあらわにし、「やる気あんのか！」「やめちまえよ！」と怒鳴られた。

僕はその人から怒りの矛先を向けられるたびに、誰もいないトイレに駆け込み、人知れずひっそりと涙をながした。

「怒られる自分が悪いんだ」

「自分がもっとちゃんとしていれば」

どんどんマイナス思考に飲み込まれ、気分がどん底へと沈んでいった。

だけど、よく冷静に考えてみると、たとえミスをしてしまっても、「どこがどう間違っているのか」を指摘し、「次からは気を付けてね」と一言注意すれば済む話ではないだろうか。

そこに怒りの感情を乗せてくるのは、その人が自分の機嫌をコントロールすることができていないという、ただそれだけの話なのだ。

しかも、そのような人に限って、言いやすそうな人にだけきつく当たる節がある。

そんな見た目だけが大人で、中身は子どもの未熟な人間の癇癪《かんしゃく》に、わざわざ振り回されてやる道理はない。

たとえ誰かに理不尽な怒りをぶつけられたとしても、自分を責める必要はまったくない。

相手を逆上させないためにも口頭で謝罪をすることは大切だけど、別に心の中でまで謝らなくたっていい。

今日も今日とて、怒りん坊さんがぷりぷりしてるなぁ程度に考えておけばいい。

もちろん、自分自身に非があったのであれば、誠心誠意の謝罪をし、反省をすることは大切だ。

それでも自分の心を犠牲にしてまで、他人の怒りの感情の捌《は》け口に利用されてやる必要はない。

理不尽にキレてくる人とは、「いかにわかり合うか」ではなく「いかにやり過ごすか」がコツ。

あなたのメンタルを守るためにも、攻撃的な人とはできる限り距離を置こう。

傷ついたあなたの心が
弱いわけではなく、
傷つけてくる人の性格が
悪いだけ

4

対人関係で 病まないコツは、 自分の機嫌を 自分でとること

岸見一郎氏、古賀史健氏による世界的ベストセラーを記録した自己啓発本『嫌われる勇気』には、「『人間の悩みは、すべて対人関係の悩みである』。これはアドラー心理学の根底に流れる概念です」と書かれている。

僕は、この主張には一理あると考えている。

日常に生じる悩みを抽象化してみると、「誰にも嫌われたくない」「これ以上傷つきたくない」という対人関係における願望が隠されている場合が確かに多い。

そして、対人関係によって生じた悩みを、さらに対人関係を通して解消しようと試みる人も少なくないだろう。

誰かに嫌なことを言われて、気分が落ち込んだとき。

家族に相談したり、恋人に愚痴をこぼしたり、友人とお酒を飲んでストレスを発散したり。

人と人との触れ合いが、心の傷を癒《いや》してくれることはよくあることだ。

しかし、その悩みの解消の仕方には、一つ大きな問題がある。

それは、他人は必ずしも自分の思い通りにコントロールすることはできないという点だ。

ただ最後まで話を聞いて共感をしてもらいたかっただけなのに、気持ちをまったく理解してもらえず更にイライラが募ってしまったり。

別の人との関わりの中で、また新しい悩み事が増えてしまったり。

他人の言動や行動、態度次第で、自分自身の機嫌を余計に左右されかねないという危険があるのだ。

自分の機嫌をとることを他人にばかり任せてしまうと、精神は不安定になりやすい。

それを避けるために大切なことは、自分で自分の機嫌をとることだ。

自分が自分にとってのいちばんの理解者でいてあげること。

それこそが、人間関係で病まないメンタルを手に入れるための秘訣《ひけつ》である。

かくいう僕も、自分の機嫌を他人にゆだねてしまったことがある。

かつて付き合っていた恋人とのすれ違いで、僕は不安や嫉妬《しっと》で毎日のように頭を悩ませていた。

その悩みを解消するために、恋人に対して「もっとこうしてほしい」「ああしてほしい」と多くの要求を押し付けた。

けれど心の溝は埋まるどころかむしろ深まっていくばかりで、最終的に僕の身勝手が彼女にとっての負担となり、「別れよう」の一言を告げられた。

あの当時の僕は、僕自身の機嫌を恋人にゆだねきっていたのだと思う。

恋人の言動や行動の一つ一つで、僕のメンタルの調子が決定づけられた。

そのような不安定な心持ちで、恋人との時間を純粋に楽しむことなんてできるわけもない。

僕に必要だったものは、「恋人からの愛情」ではなく、「自分のメンタルを安定させる技術」だったのだと、今ならわかる。

ではどのようにして自分で自分の機嫌をとればいいのか。

その方法は、**「自己受容」と「心の拠《よ》り所を複数持つ」の二つがある。**

「自己受容」とは、ネガティブになってしまう自分も含めて、自分自身であると受け入れることだ。

落ち込んでしまった自分自身も許容してあげることで、より早く立ち直ることができる（自己受容について、詳しくは28ページ～）。

もう一つの「心の拠り所を複数持つ」は、一つの事柄のみに執着せず、いくつかの依存先を用意しておくことだ。

例えば、恋人だけではなく、仕事や友人関係、趣味・娯楽など複数の依存先を用意しておくことで、恋人とのすれ違いで傷を負っても、別の拠り所でそのダメージを癒すことができる（心の拠り所を複数持つことについて、詳しくは146ページ～）。

自分の機嫌を自分でとる技術、ぜひ身に付けていってほしい。

自分の機嫌を
他人にとってもらっているうちは、
人はまだまだ子ども

5

人付き合いで疲れやすい人にとって、「一人の時間」は人生の必須習慣

人と会うことは好きだけれど、人と会うことで疲れてしまう。

そんなジレンマを抱えて生きている人は少なくないだろう。

人と予定を立てればワクワクするし、誰かと会って遊ぶことで楽しいと感じる。

けれど、家に帰ってからどっと疲労感に襲われ、ベッドに倒れ込みたくなる。

そのような経験をしたことがないだろうか。

「人疲れ」しやすい人は、なるべく一人になれる充電時間をとるように心がけると、人生が少し生きやすくなるかもしれない。

大学時代、僕は交友関係が広い方だった。

サークルの同期や、同じ学部の仲間、アルバイト先の後輩に、地元の友人。

毎日のように誰かと会い、ぎっしりと予定を詰め込んで忙《せわ》しない日々を送っていた。

人と会っているときは、確かに楽しいと思うことができていた。

実際に、写真にうつる僕の表情はいつも笑顔だった。

しかし、人と別れて帰りの電車に乗った瞬間に、ズシンと身体が重くなる。

帰宅後は何もする気力が起きず、ただぼーっとスマホを眺めることしかできなかった。


きっと僕は神経質な人間で、知らず知らずのうちに他人に気を遣ってしまっていたのだろう。

もっと盛り上げた方がいいのかな。

もっとテンションを上げた方がいいのかな。

頑張ってまわりと話を合わせないと。

会話を途切れさせないようにしないと。

今思えば、人と一緒にいるときの僕は、そのようなことばかり考えていた気がする。

他人への気遣いは、自分が思っている以上にエネルギーを消費する。

仕事の同僚や友人、親戚《しんせき》や恋人など、人と会ったあとに疲労感に打ちのめされる人は、常に誰かに気を遣い続けている人なのだろう。

特に、気が合わない人や関係性が薄い人との付き合いは、脳のリソースの消耗が激しい。

大学生のときに僕が毎日のように疲労感を抱えていたのは、浅く広くの人間関係を構築していたことが一つの要因だったのだと推測できる。

メンタルが疲れやすい人は、他人に気を遣い過ぎてしまう人。

そういった人におすすめなのが、一人時間を充実させることだ。

誰にも会わず、一人きりで、自分がやりたいことを思う存分に堪能する。

自分だけの空間で、自分だけの時間を過ごすことで、人間関係によって生じた疲れを癒すことができる。

僕の場合は人と会う予定を立てた日の翌日は、できる限り一人で過ごすようにしている。

最初のうちは一人の時間をつくることに焦りのような感情を覚えたが、慣れてしまえばむしろ心地よさを感じられるようになった。

今となっては、人間関係で疲れやすい僕にとって、「一人の時間」はもはや人生の必須《ひっす》習慣だ。

一人時間の過ごし方に、正解はない。

行きたいところに行くのもよし。買いたいものを買うのもよし。

外に出る気力も湧かないのなら、家に引きこもって過ごすのもよし。

お菓子を食べながら好きなアニメを鑑賞したり、本の世界を散歩したりするのもよし。

日常の喧騒《けんそう》から一時避難し、ゆっくりと自分で自分をいたわってあげてほしい。

繊細で疲れやすい人にとって、
家でゴロゴロは立派な用事

6

人に「嫌われた」ではなく「縁がなかった」と考えよう

人に嫌われるのは、誰だって怖いことだろう。
誰にも嫌われたくない。
誰からも好かれていたい。
そう願ってしまうのは、人間である以上、仕方のないことなのではないかと思う。

人に嫌われないように、自分なりに努力をしている人もいることだろう。
常に周囲に気を配ったり。
常に笑顔で明るく振舞ったり。
にもかかわらず、一人また一人と自分のもとから人が去っていく。
誰にも嫌われないようにと一生懸命に努めても、いつかは誰かに嫌われてしまう。

自分が誰かに嫌われるたびに、悲しい気持ちが押し寄せてくる。
自分は人に好かれる価値のない人間なのだと、自己否定してしまう。

そして、人に嫌われるのは、自分の頑張り不足だと思い込む。

そうして気が付けば、自分で自分のことを嫌いになってしまう。

しかし、僕はこう思うのだ。

どんなに頑張っても嫌ってくる人は、「そもそも自分とは縁のない人」なのではないだろうかと。

もし仮に頑張った自分を好きになってもらえたとしても、その人から好かれ続けるためにずっと頑張らなければいけないことになる。

そんな関係性を長続きさせるのは、きっと苦しいことだろう。

人に嫌われたくないと思うこと自体は、人間として正しいことだ。

そのために努力をすることも、決して間違っていることではない。

それでも、自分のメンタルを疲弊させてまで、嫌ってくる人から好かれようとする必要はない。

あなたの魅力に気付けない人は、こっちから願い下げでもいいのだ。

反対に、好かれる人からはどんな自分でいようとも好きになってもらえるというのもまた一つの事実だ。

嫌ってくる人から好かれようとするのは、思っているよりもエネルギーを消費する。

その時間と労力を、あるがままの自分を好きでいてくれる人に使った方が、人生はきっと豊かになる。

僕は、人間関係は「縁」がすべてだと考えている。

自分の人生に必要な人とは、出会うべきタイミングで出会うべくして出会うようになっている。

だから自分のもとから去っていく人は、最初から縁がなかった人だ。

もし本当に縁がある人ならば、いつかまたどこかで巡り会う。

自分の人生の貴重な時間を棒に振らないためにも、去る者は追わずの精神は重要なのだ。
あなたらしいあなたを大事にしてくれる人こそ、本当にあなたと縁がある人だ。
その縁を手放してしまったら、後できっと悔いることになる。
あなたが本当に大事にしたい「縁」とは何か。
今一度、よく考えてみてほしい。

「誰かに嫌われてもいっか」と
思えるようになってからが
人生の本番

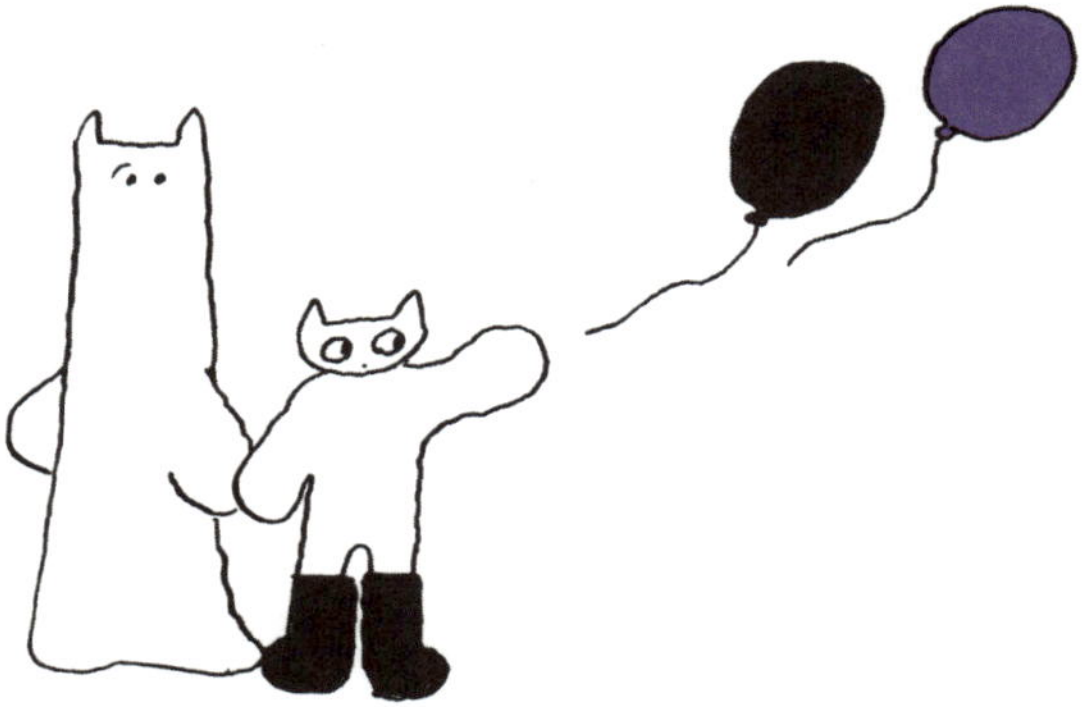

7

都合のいい人として扱ってくる人のために、いい人でいようとする必要はない

「誰にでもいい人でありなさい」

子どものころ、親や先生などの大人達にそれが正しい生き方だと教えられた。

真面目で優しい人に育つこと。

他人のために行動すること。

世のため人のために生きることで、いつか自分自身も幸せになれる、と。


しかしそれは、本当に正しいことなのだろうか？

僕は昔の経験を振り返ってみて、自分を都合よく扱う人にまでいい人でいようとしなくてもいいと考えている。


かつての僕は、まわりの人達が面倒くさがるような作業や仕事を、できる限り率先して引き受けた。

自分がやりたくないなと思ったことでも、みんなのためになるならばと我慢した。

いい人であり続けることが、正解の生き方なのだと信じて。

けれど、どんなにまわりの人達のために頑張っても、いつまでたっても自分自身が報われることはなかった。

他人任せの人達は楽しそうに暮らしているのに、僕一人だけが頑張っている。

自分が何のために頑張っているのか、だんだんとわからなくなってくる。

僕は幸せになるどころか、むしろ心身が疲弊していくばかりだった。

そうして僕は、あることに気が付いた。

ほとんどの人は、他人の頑張りなんてまるで見ていない。

どんなに人のために頑張っても、その頑張りが伝わることなんてめったにない。

感謝の言葉をもらえることもあるけれど、大抵はただのうわべだけ。

いい人でいようとしても、ただ都合のいい人として扱われるだけなのだ。

世の中には、悔しさすらも覚えるほどの理不尽が、いたるところに蔓延《はびこ》っている。

いい人ほど都合のいいように扱われて、真面目な人ほど損をして、正直者がバカを見て、優しい人ほど傷つけられる。

他力本願で、ズル賢くて、平気で他人を傷つけるような人ほど、笑顔で幸せそうに暮らしている。

こんな世の中の構図は、どう考えても間違っていると思う。

そのような間違いだらけのこの世界で、真面目に生き続けることも若干バカバカしく思えてくる。

もちろん、誠実さが美徳であることは確かだが、少しくらい肩の力を抜いて生きてみてもいいのかもしれない。

手始めに、誰にでもいい人でいようとすることはやめてもいい。

都合のいいように扱ってくる人のために、自分の貴重な人生を費やす必要はないのである。

勘違いしないでいただきたいのが、僕はなにも「他人に優しくしても意味がない」と言いたいわけでは断じてない。

人に優しくすること自体は、まぎれもなく素晴らしいことだ。

ただ僕が言いたいのは、優しくする相手とタイミングは選んでもいいということだ。

あなたを都合のいいように扱ってくる人のためではなく。

あなたが心から大切にしたいと思った人や、あなたが心から優しくしたいと思った人のために。

その持ち前の優しさを、思う存分に発揮してやればいい。

あなたの中の優しさが、報われるときが訪れますように。

あなたの
かけがえのない優しさを、
すり減らさないであげよう

8

人生がうまくいっている ときだけではなく、 つらいときも そばにいてくれる人を 大事にしよう

ある日、友人にこう質問したことがある。

「本当に大切にすべき人って、どんな人だと思う？」

友人から返ってきた答えはこうだ。

「人生がうまくいっているときだけじゃなくて、つらいときにもそばにいてくれた人じゃない？」

僕はその回答を聞いて、なるほどと納得した。

人生がうまくいっているときだけではなく、つらいときもそばにいてくれる人。

もしあなたがそんな人に巡り合ったら、ぜひとも大切にしてほしいと思う。

前述した通り、僕は大学時代、交友関係が広い方だった。

暇な時間があれば友人と会い、食事に行ったり、遊びに出かけたりして過ごしていた。

心から楽しいと思える瞬間も確かにあり、客観的に見れば充実した日常を送ることができていたと思う。

しかし、大学を卒業しメンタルダウンを経験したとき、僕は誰にも悩みを打ち明けることができなかった。

浅く広くの友人関係を形成してしまったために、心から信頼することができる相手が思いつかなかったのだ。

一緒にいて楽しいと思えていたはずの友人達も、連絡を取らなくなったことでだんだん疎遠になっていった。

そのときに感じた「あっ僕ってひとりぼっちなんだ……」という孤独感は、今でも鮮明に覚えている。

そんな中、人生のどん底にいる僕を心配して、連絡をくれた友人がいた。

悩みを親身になって聞いてくれて、それでいて変わらない距離感で接してくれた。

「ずっと待ってるよ。元気になったらまた遊ぼう」

友人がくれたその一言に、当時の僕がどれだけ救われたことだろうか。

何かしらの生きづらさを抱えている人にとって、人間関係は量より質だと僕は思う。

どうしようもなくしんどい状況に陥ったときに頼ることができる人がいるかいないかで、日々の安心感の度合いがまったく違う。

人生がうまくいっているときだけではなく、つらいときもそばにいてくれる人。

そんな人の存在こそが、人生の緩衝材《かんしょうざい》となってくれるのだ。

でも中には、寄り添ってくれる人に甘えてしまうのは迷惑なのではないかと考える人もいることだろう。

かつての僕もそうだったから、その気持ちは非常によくわかる。

けれど、今の僕は「他人に迷惑はかけてもいい」と考えている。

そもそも、他人に迷惑をかけられたくないと思っている人は、あなたが悩んでいるときに声をかけてくれたりはしないのだ。

だけど、一方的に相手に甘えてしまうだけでは、その関係はフェアではない。

大切なのは、相手に迷惑をかけてしまった分だけ、相手からの迷惑も許してあげること。

頼り頼られの相互関係こそが、人間関係の本質であると僕は思う。

あなたがつらいときにそばにいてくれた人が悩んでいるとき、今度はあなたが隣で話を聞いてあげよう。

本当に大切にすべき人は、
意外とあなたの
すぐ近くにいるかも？

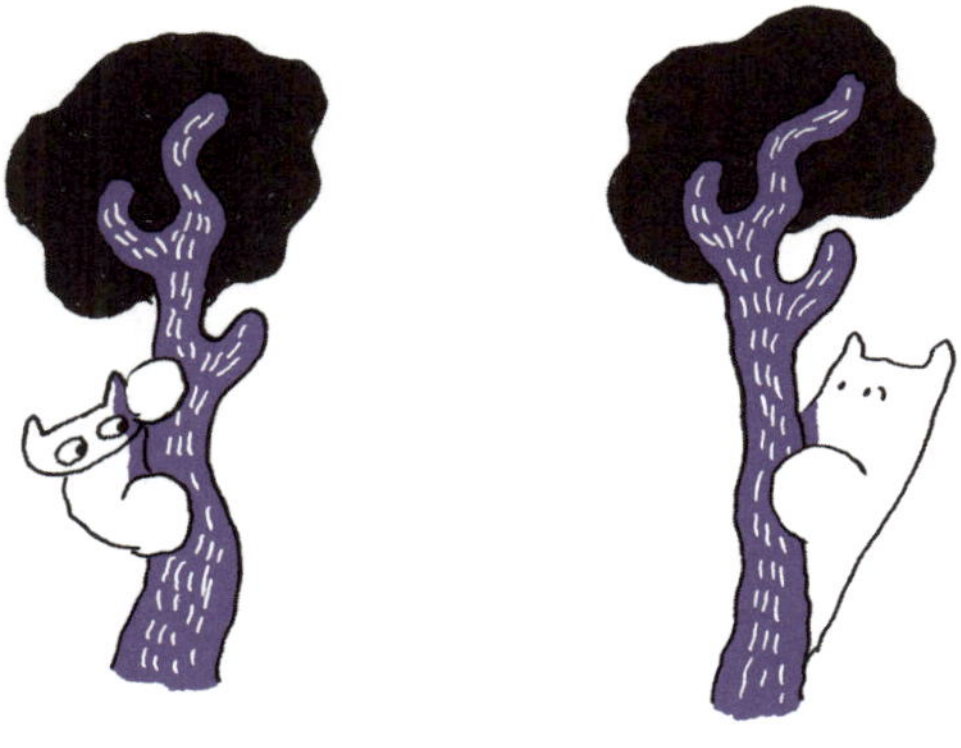

9

良い人間関係を築くためには、「誰と関わるか」だけではなく「誰と関わらないか」も重要

良い人間関係を築くうえで、「誰と関わるか」は重要である。

ともに成長しあえる会社の同僚や気の合う友人、心から愛し合うことができる恋人など。

自分にとっての大切な人との関わりを増やしていくことで、人間関係の質は間違いなく向上していく。

しかし僕は、良い人間関係の構築には、「誰と関わるか」だけではなく「誰と関わらないか」も同じくらい重要であると考えている。

なぜなら、人はポジティブな感情よりもネガティブな感情の方に影響を受けやすいためだ。

どれだけ大切な人との時間の中で幸福感を育《はぐく》んでも、他の合わない人間関係によって生じたストレスで、そのプラスの感情はいともたやすくマイナスな感情へと上書きされてしまう。

場合によっては、行き場を失ったイライラを身近な人にぶつけてしまい、それが原因で仲違《なかたが》いに発展することも少なくない。

そこで今回は、人間関係のストレスを軽減するために、僕ができる限り離れるようにしている人の特徴をいくつか紹介したい。

自分の心を守るためにも、大切な人との関係性を守るためにも、参考にしていただけたら嬉《うれ》しい。

【ケース1】正論をぶつけてくる人

まず、正論をぶつけてくる人からは距離を置くようにしている。

「ああした方がいい」「こうした方がいい」と一方的にアドバイスを押し付けられると、だんだんと自分の気持ちをわかってもらえない虚《むな》しさや、「それができていない自分はダメなんだ」という自己否定感に苛《さいな》まれるようになる。

正論をぶつけてくる人は「あなたのためを思って」という言葉を多用しがちだが、実際は「相手を自分の思い通りに動かしたい」という本音が隠されている場合が多いため注意が必要だ。

【ケース2】悪口ばかり口にする人

悪口ばかり口にする人からも離れるようにしている。

悪口をずっと聞いているとネガティブな感情が呼び起こされ、強いストレスが生じる。

また、自分の本心を隠して相手に話を合わせ、愛想笑いをしている時間も心身が疲弊する原因となる。

口を開けば悪口大会が開催されるようなコミュニティは極めて居心地が悪い。

できることなら、好きなことの話で盛り上がれるような人と時間をともにしたい。

【ケース3】平気で不機嫌をまき散らす人

平気で不機嫌をまき散らす人にも要注意。

人前で大きなため息をついたり、ドアを力強くバンと閉めたりする人のそばにいると、瞬く間にメンタルの余裕が削られていく。

さらに、気にしすぎてしまうタイプの人間は不機嫌な人と一緒にいると、「なんで機嫌が悪いんだろう……」「僕が何かしちゃったのかな……」と考えすぎてしまう。

最終的に、その人の不機嫌が伝染し、自分自身も機嫌がマイナスな方に偏ってしまう。

しかしながら、平気で不機嫌をまき散らす人は自分で自分の機嫌をコントロールする能力がない場合がほとんどなので、わざわざ自分がその人のご機嫌取りになる必要はないと覚えておきたい。

「誰とでも仲良くしましょう」という教えもあるが、自分自身がつらい思いをしてまで関わらなければいけない人はいないと僕は考えている。

一緒にいてストレスになる人とは物理的にも心理的にも距離を置き、大切な人との時間を大切にすること。

人間関係の取捨選択をすることこそが、心地よい人生を歩むためのヒントだ。

メンタルを安定させるための
いちばんの近道は、
一緒にいてストレスになる人から
距離を置くこと

10

他人と自分を比較しないためには、自分の人生に集中すること

「メンタルを病まないためには、他人と自分を比較しないこと」

最近、本やSNSなどでこういった言葉をよく見かける。

他人と自分を比較することで生じる劣等感が、精神を不安定にさせてしまうのだとか。

でも他人と自分を比較するなと言われても、どうしても「それができたら苦労しない」と考えてしまう人も中にはいると思う。

僕自身、そのように考えてしまう人間の一人だ。

きっと、「比較」という行為は人間にとっての性《さが》のようなものであり、逃れることのできない運命なのだろう。

僕も大学を卒業して、フリーランスとして活動しようと奮闘していた当時、まわりの成功している人達を目の当たりにするたびに、自分と比較してしまっていた。

「あの人はうまくいっているのに、どうして僕はこんなにもダメなんだろう……」

そのような劣等感からくるマイナス思考に、何度も頭の中を支配された。

最初のうちはその悔しさをバネにして「僕ももっと頑張ろう」と心にやる気の炎を灯《とも》すことができていたが、幾度となく劣等感に打ちのめされることで、すべてを投げ出してしまいたくなる気持ちが強くなっていった。

それでも「他人と自分を比較しちゃダメだ！」と自分に言い聞かせ、半ば強引に前を向いて活動を続けた。

だけど、少しでも気を抜くとやはりうまくいっている他人の影が脳裏にちらつき、集中力が損なわれて気分がガクンと落ち込んだ。

今思うと、あのとき抱いていた劣等感によるストレスも、僕がうつ病を患った原因の一つだったのだろう。

そんな経験を経てたどり着いた僕の答えは、「他人と自分は比較してもいい」

ということだ。

他人と自分との比較はメンタルを不安定にさせる原因ではあるが、無理に「他人と自分を比較しないようにしよう」と気を張っているよりも、「他人と自分を比較しちゃうときがあってもいっか」くらいに考えておいた方が、肩の力が抜けて劣等感は薄まっていく。

そのうえで重要となってくるのは、自分がとる行動を決定する際に、他人の存在をあまり意識しすぎないことだ。

僕もそうだったが、他人と自分を比較してしまいがちな人の多くは、「他人よりも高く評価してもらうためにもっと頑張ろう」「他人よりも充実した人生を送るためにもっと予定を詰め込もう」といったように、**「他人よりも優れた自分でいたい」という思いを基に自分がとる行動を決めてしまっている。**

しかし、上には上がいるのが現実で、隣の芝生は青く見えるのが真実だ。

他人という存在を強く意識している限り、どうしても人生に劣等感という負の感情は付きまとってくる。

だから大切なのは、自分がとる行動は、自分の中の信念に基づいて決定することだ。

仕事や夢、恋人や友人などの対人関係、趣味や娯楽。

自分は何をやりたいのか。自分は誰といたいのか。自分は何を成し遂げたいのか。自分はどう頑張りたいのか。

「他人と比べてどうか」ではなく、「自分がどうしたいのか」という本心を常に意識して生きることで、自然と他人と自分を比較することは少なくなっていく。

他人と自分を比較してしまう瞬間はあってもいい。

けれど、自分の人生に集中して、できる限り他人と自分を比較する暇をつぶしていこう。

「他人軸」ではなく
「自分軸」で生きることが、
生きやすさへの近道

第3章

これ以上悩む前に自分で自分を救済しよう

消耗しない
心の避難所のつくり方

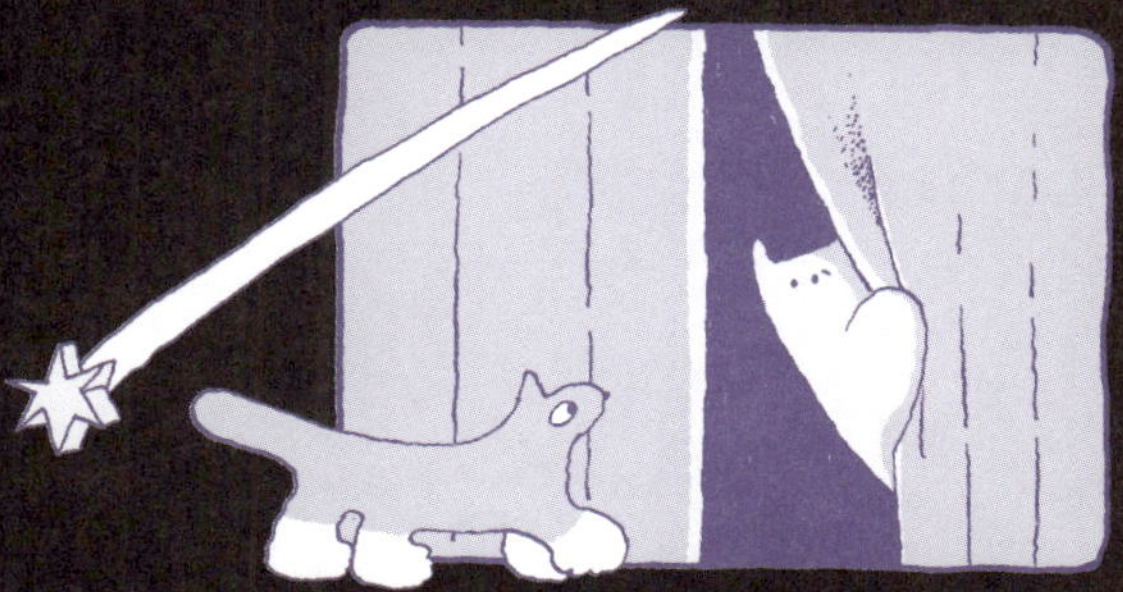

1

メンタルを病まないための秘訣は、心の拠り所を複数持つこと

ストレス社会である現代において、多くの人が「メンタルを安定させたい」と考えているだろう。

僕自身、気分が落ち込みやすい性格で、ずっとどうすればこの悩みを解決することができるのかを模索し続けてきた。

今回は、僕なりにたどり着いた「メンタルを安定させる方法」の答えの一つを、皆様にも紹介したいと思う。

メンタルを安定させる方法。

それは、心の拠《よ》り所を複数もつことだ。

心の拠り所とは、わかりやすく言えば「依存先」のこと。

恋人や友人といった人とのつながり、ペットに趣味・娯楽など、自分の心を癒《いや》してくれる依存先を増やしていくことで、メンタルを安定させることができる。

ではなぜ、複数の依存先をつくることがメンタルの安定につながるのか。

まず、人が病んでしまうのは、いつだって考えすぎているときだ。

答えの出ない悩みを反すうしたり、失敗を思い出して一人反省会を開いたり。考え事をしているうちにだんだんとネガティブな方向へと思考回路が暴走してしまい、精神が疲弊してしまう。


しかし、依存先に没頭している間は、嫌なことを忘れていられる。

脳に考え事をする暇を与えないことで、マイナス思考が働かずに済み、メンタルの安定を図ることができるというわけだ。


ここで重要なポイントとなるのが、心の拠り所は「複数もつ」という点だ。

依存先を一つだけしか持たない場合、その依存先の状況次第で自分のメンタルの調子も決定づけられてしまう。

例えば、105ページで先述したように、恋人のみに依存した場合、その恋人の言動や態度の一つ一つで自分の機嫌までもが左右される。

恋人と会えない時間にあれこれと考えすぎてしまい、不安や嫉妬《しっと》といったネガティブな感情に支配され、余計にメンタルを病んでしまうのだ。

一方で、依存先を複数もっておけば、どこかで傷を負っても、別の依存先でそのダメージを癒すことができる。

恋人と喧嘩《けんか》をしてしまっても、仕事に集中している間に思考が整理されて冷静になれたり。

仕事でミスをして落ち込んでしまっても、趣味や娯楽に興じることで気分が吹っ切れたり。

心の拠り所を複数もち、自分で自分の傷を癒す手段をいくつかストックしておくことで、精神状態が回復しやすくなるのだ。

特におすすめの心の拠り所は、「趣味・娯楽」である。

対人関係とは違って他人の機嫌や行動に振り回されることなく、いつでも手軽に自分のペースで自らの心の傷を癒すことができる。

僕の場合は、アニメや漫画、小説に推し活など、家の中でゴロゴロしながらできる趣味を多く持っている。

趣味・娯楽に全力な人ほどメンタルが安定しているイメージが強いのは、気のせいではないはずだ。

「何かに依存する」と聞くとなんとなくダメな印象を抱きがちだが、決してそんなことはないと僕は思う。

人は、何にも依存せずに生きることができるほど、強い生きものではない。きっと、誰だって何らかの依存対象はあって、その度合いの違いがあるだけなのだ。

問題視されているのは、先ほども述べたような一つの依存先にのみ執着し、かえってメンタルを不安定にさせてしまっている場合だろう。

程度に注意し、依存度を複数の心の拠り所に分散させることが、メンタル安定の秘訣《ひけつ》なのである。

何か一つだけに依存しない。
足場を複数つくれば
余裕ができる

2

ネガティブな人が人生を楽しむコツは、持ち前の感受性を活用すること

ネガティブな人は、「HSP」という性質を持っている場合が少なくない。

HSPとはHighly Sensitive Person（ハイリー・センシティブ・パーソン）の略で、生まれつき人より感受性が強く、ストレスなどの刺激に敏感な人のことを指す。

その感受性の強さが原因で、日常生活において生きづらさを感じることも多い。

具体的には、

・人との会話中に相手の機嫌を察知して、あれこれと考えすぎてしまう
・仕事でちょっと注意をされただけで、気分がガクンと落ち込んでしまう
・本音を話そうとしただけで、勝手に涙が溢《あふ》れ出してくる
・些細《ささい》な物音や光の刺激が気になったり、大きな音が苦手だったりする

などといった生きづらさが挙げられる。

繊細な人は、まわりの人にはあまり理解してもらえない困難と、日々人知れ

ず戦っている。

しかし、感受性の強さは日々を生きるうえでマイナスな要素でしかないのだろうか。

その問いの答えは「ＮＯ」であると僕は信じている。

感受性の強さは、発揮するタイミングさえ工夫すれば、人生を満喫するために役立てることができる特権である。

敏感であることはデメリットばかりが注目されがちだが、メリットの存在も意識しておくことで、自分なりの人生の楽しみ方を見出《みいだ》すことができる。

そこで今回は、感受性が強いことによるメリットを、いくつか紹介していきたい。

あなたの人生の質を高めるお手伝いをすることができたら、嬉《うれ》しく思う。

①自然や芸術の良さがわかる

感受性が強い人は、自然や芸術の魅力に気付きやすい。

旅行先で大自然に触れたり、美術作品を鑑賞したりしたときに、人より心が動かされやすく、その一瞬一瞬を全身全霊で堪能することができる。

もちろん、何に興味を持つかは人それぞれではあるが、他の人よりも多くのものを好きでいられるということは、それだけ人生のお楽しみ要素が隠されているということもできるのではないだろうか。

②物語により感動できる

繊細な人は、小説や映画などの作品に触れたとき、人一倍その作品の奥深さを感じ取ることができる。

特に感受性が強い人は共感能力に長《た》けているため、登場人物に感情移入して物語に没頭できる。

僕自身、好きなアニメを観ては泣かされる日々を送っている。アニメ文化が盛んな国に生まれて本当によかった。

③クリエイティブな活動に楽しさを感じる

感受性が強い人は、創作活動を通して大きな喜びを覚える場合が多い。

絵を描いたり本を執筆したり、作詞作曲をしたり。

他にも、ファッションにこだわったり、写真を撮ったり。

その楽しさが仕事につながる人もいれば、趣味程度にたしなむ人もいることだろう。

どちらにせよ、自身の感性やセンスを活《い》かした生き方を見出すことは、人生を楽しむためのヒントとなる。

感受性の強さは、確かに生きづらさの要因にもなりやすい。

だからこそ、メリットの方も思う存分に活用してやらないと元が取れない。

ぜひとも、自分で自分を楽しませる術《すべ》を見つけてみてほしい。

ネガティブな人には
ネガティブな人なりの
人生の楽しみ方がある

3

睡眠は
メンタルの健康を
支える土台

「メンタルを安定させるために、まず何をすればいいですか?」

こう質問されたら、僕はこう回答する。

「とにかく寝なさい」

良質な睡眠をとることで、身体の疲労を回復するだけではなく、メンタルの調子も整えることができる。

「ぐっすりと寝たらなんだか気分がスッキリした」という感覚は、決して気のせいなどではないのだ。

実際に、質の高い睡眠をとることで、以下のような効果が期待できるとわかっている。

・感情的になりにくくなる

・気分が落ち込みにくくなる
・前向きな思考が湧きやすくなる
・嫌な記憶が整理され、心が整う

僕自身、良質な睡眠を一日に8時間はとるように意識してから、精神が不安定になることがぐっと減った。

睡眠こそが、メンタルの健康を支える土台なのだ。

しかし「眠りたくても眠れない」という悩みを抱えている人も多いだろう。

そこで、良質な睡眠をとるために僕が実際に試してみて効果のあった三つの方法を、皆様にも紹介していきたい。

①朝起きたら日光を浴びる

一つ目は、朝起きたら1時間以内に日光を浴びること。

睡眠の質の向上には、睡眠ホルモンと呼ばれるメラトニンという物質のはたらきが大きく関与している。

メラトニンは起床後に日光を浴びてから14〜16時間後に分泌が始まり、それが眠気となってあらわれる。

そのため、朝起きたら日光を浴びてメラトニンの分泌をコントロールすることで、生活リズムを整え、夜に布団に入ったときに自然と眠りにつくことができるようになる。

②適度な運動

二つ目は、日中に適度な運動をすること。

日中に無理のない範囲で運動をすることで適度な疲労感を感じ、より深い睡眠が実現できる。

ただし、寝る直前に激しめの運動をしてしまうと、かえって目がさえてしまうため注意が必要だ。

③就寝の90分前に入浴

三つ目は、就寝する90分前に入浴すること。

実は、睡眠の質と体温には密接な関係がある。

人は、体温が下がったときに眠気を感じるようになっている。

そのため、就寝する90分前にお風呂《ふろ》に入り身体を温めることで、布団に入るタイミングで体温が下がり、眠りにつきやすくなるのだ。

ただし、高温のお湯に浸《つ》かるとむしろ興奮状態になってしまうため、38℃〜40℃のぬるま湯に15分ほど入浴するとリラックスできるのでおすすめだ。

もちろん、「朝起きられない」「運動をする体力がない」「お風呂に入る気力が湧かない」という場合は、無理は禁物。

僕の経験上、「頑張って寝なきゃ」と考えすぎてしまうのも、かえって睡眠の質を下げるおそれがある。

睡眠において、最も重要なことはリラックス。どうしても眠ることができない夜は、夜更かしを楽しむ夜にしよう。

「寝る子は育つ」と
いうけれど、
大人だって寝るべきだ

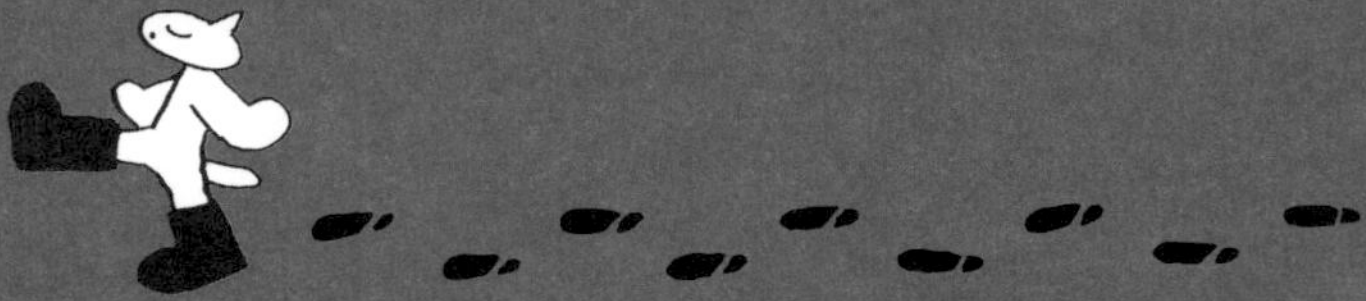

4

考えすぎをやめるためにはマインドフルネス瞑想

人が悩むのは、いつだって過去や未来についてである。
過去の失敗を思い出し、後悔の念に押しつぶされそうになったり。
漠然と未来に不安を抱き、自分はこのままで大丈夫なのかと心配したり。
考えても答えの出ない問いに頭を悩ませ、メンタルが疲弊してしまう。

そのため、穏やかな心で生きるために大切なことは、今この瞬間に集中することだ。
変えられない過去や不確実な未来に縛られず、今ここにあるものに没頭すること。
今の自分には何ができるのか。今の自分は何をしたいのか。
今この瞬間、目の前に広がっている世界をどう楽しむかを、模索すること。

そう言われても、考え事をやめたくてもやめられない瞬間もあるだろう。
どれだけ今を生きようと試みても、気が付けばまたマイナス思考の連鎖に巻き込まれてしまう。

そんなときに有効なのが、マインドフルネス瞑想《めいそう》だ。

瞑想は今この瞬間を生きるためのトレーニングのようなもので、ネガティブ思考に支配されずに心を保つ力を養うことができる。

中には瞑想と聞くとスピリチュアルや宗教的なイメージを抱く人もいるかもしれないが、決して怪しいものではない。

最近は瞑想に関する科学的な研究が進み、ストレスの軽減や集中力アップ、感情のコントロール能力の向上などの効果が得られるということがわかっている。

僕自身、瞑想を習慣にすることで、考え事を延々と続けてしまうことが格段に減った。

悩み事が生じ、気分が落ち込むことは今でもあるけれど、比較的速やかに「じゃあ今どうすればいいのかを考えよう」と切り替えられるようになったのだ。

では実際に、僕が実践しているマインドフルネス瞑想のやり方を紹介しようと思う。僕の場合は、吉田《よしだ》昌生《まさお》氏『1日10分で自分を浄化する方法　マインドフルネス瞑想入門』を参考にしたが、細かい手順は人それぞれ異なる。

①まず、クッションの上にあぐらをかいて座り、一本の糸につるされているような感覚で背筋をピンと伸ばす。

②手のひらを上向きにしてひざや太ももの上に乗せ、首や肩の力を抜いてリラックスをする。

③目は軽く閉じるか、半眼で一点を見つめるようにして集中する。

④鼻からゆっくりと息を吸い、お腹が苦しくない程度まで膨らんだらゆっくりとまた鼻から息をはく。

⑤その間は考え事をせず、空気が鼻を通っていく感覚やお腹が膨らむ感覚など、呼吸に意識を全集中。

⑥もし思考に飲み込まれそうになったら、「あっ今、考え事をしてしまってい

るな」とそれに気付き、再び意識を呼吸に戻す。

⑦あとはそれをひたすら10～20分ほど繰り返す。

ちなみに僕は、瞑想中にまわりの雑音が気になるようなときはイヤホンを付けて、自然の音などをＢＧＭとしてながして集中度を高めている。

最初のうちは、余計な思考に何度も邪魔をされそうになるが、慣れていくうちにだんだんと自分の思考を客観視することができるようになる。

筋トレを続けることで理想的なボディを手に入れることができるように、瞑想の効果を十分に発揮させるためには毎日の習慣にすることが極めて重要である。

はじめは3分から始めるなど短い時間からでもいいので、自分のペースで無理なく続けていくことがポイントだ。

マインドフルネス瞑想は確実に僕の人生を変えてくれた習慣なので、皆様も騙《だま》されたと思ってぜひ試してみてほしい。

迷走しがちな思考回路は

瞑想で整えよう

5

無駄な時間も楽しむことが人生の醍醐味

・以前に比べて集中力が続かない
・疲れているはずなのにぐっすり眠れない
・新しいことにチャレンジする気がわいてこない
・仕事も趣味も、なんとなくやる気がなくなってきている

精神科医の川野《かわの》泰周《たいしゅう》氏によると、これらに心あたりのある人は、「脳疲労」の可能性があるという。予定を詰め込みすぎてキャパオーバーになっていないか、普段の生活を一度見直してみてほしい。

「時間を無駄にしないようにしなきゃ」

そう考えて、自分自身を追い込んでしまう。

休日でも何かしらの予定を詰め込んで、何もしていないとうっすらとした焦燥感に付きまとわれる。

家の中にいても「あれやらなきゃ」「これやらなきゃ」と、頭の中が大忙し。

そんな日常を送ってはいないだろうか。

生産的な行動をとることや物事を効率的に進めることは、毎日に充実感を与えるが、日常生活においても度を超えて生産性や効率化ばかりを追い求める生き方は、身体だけではなく「脳」を疲弊させる。

その脳疲労こそが、かえって人生の質を下げてしまう原因となるのだ。


僕もかつて無駄な時間を過ごす自分が許せない時期があった。

フリーランスとして活動することを目指していたころ、僕はいかに生産的な時間を過ごせるかに躍起になっていた。

一分一秒でも時間があれば本かパソコンを開き、趣味や娯楽にうつつを抜かすこともなくなった。

その結果、休息不足のストレスが一つの要因となり、僕はうつ病を患った。

うつになった当初は、行動を起こす気力が湧かず、頑張りたいことを頑張れなくなったことが苦しかった。

時間を無駄にしていることで、強い焦燥感に襲われた。

けれどある日、悩みが一周まわって吹っ切れた僕は、こう考えるようになった。


「一度きりの人生、無駄な時間も楽しんでやろう」


そうして僕は、無駄だと考えていた時間を思う存分に楽しむようになった。

敬遠していたアニメをみたり、漫画を読んだり。

目的地も決めずにぷらぷらと散歩をしてみたり。

公園のベンチに寝転んで、ぼーっと雲を眺めてみたり。


すると、いくつもの新しい発見を得ることができた。

アニメや漫画で主人公が活躍しているシーンをみて、自分も頑張ろうと奮い立たされた。

目的地のない散歩は、自分が知らない世界がまだまだたくさんあるという事実を教えてくれた。

ぼーっと雲を眺めていると、思考がスッキリと整理され、より自分自身と向き合えるようになった。


無駄な時間だって、無駄ではない。

無駄な時間も楽しむことこそ、人生の醍醐《だいご》味《み》。

そう気付くことができた。


行動的に生きることは、確かに大事なことだ。

だけど、ときに無駄な時間を過ごすことにだって意味はある。

生産的な時間だけではなく、無駄な時間も楽しめるようになれば、より深みのある人生を歩むことができるようになる。

人生は長い。焦らずに肩の力を抜いて生きていこう。

無駄のない人生なんて、
味のしない
料理みたいなものだ

6

大人だって泣きたいときは泣いたっていい

泣きたくないのに、泣いてしまった。

そのような状況に直面したことがある人は、少なくないと思う。

仕事でミスをして、誰かに怒られたとき。

ずっと我慢していた本音を口にしたとき。

感情が昂《たかぶ》り、目から涙が勝手に溢れ出てきてしまう。


そして、そんな自分のことを責めてくる人がいる。

「大人のくせに泣くなんてみっともない」

「泣けば許されるとでも思ってんの?」

こっちだって、泣きたくて泣いているわけではないのに。


世の中的に、泣くことに対するイメージが悪すぎるように感じられる。

泣くのが許されるのは子どもだけ。

男なんだから泣いちゃダメ、と。

まるで、「涙をながすことは恥ずかしいことだ」とでも言わんばかりに。

けれど僕は、泣くことは決してダメなことではないと主張したい。

涙をながすことは、人間の権利だ。

大人だとか子どもだとか、男性だとか女性だとかは関係ない。

泣きたいときは、誰であろうと思う存分に泣いていい。


そのことに対して「大人なのに泣くな」とわざわざ言ってくる人は、他人の気持ちを思いやる心を持ち合わせていない人だ。

そんな共感能力に欠けている人よりも、泣きたくないのに泣いてしまうような感受性が豊かな人の方が、よっぽど綺麗《きれい》な心の持ち主だと僕は思う。

誰かに責められようとも、傷つく必要はまったくない。

自分のことを、弱い人間だと罵《ののし》る必要もまったくないのだ。


ちなみに、科学的な観点から見ても、泣くことには大きなメリットがあるとされている。

実は、泣くことによって高いストレス解消効果が得られるということがわかっているのだ。

驚くことに、「笑うこと」よりも「泣くこと」の方がストレス解消効果は高いと言われているほどだ。

さらに、涙をながすことで自律神経のうち副交感神経が優位になり、気分をリラックスさせることができる。

泣くことで自分の心の整理をつけることができるのであれば、それは立派なメンタルコントロール術であるといえるのではないだろうか。

それでも人前では泣きづらいときだってあるだろう。

そういった人は、一人になったときに、あるいは心を許せる人と一緒にいるときに、心のままに泣けばいい。

感動する映画やドラマを観て、涙をながす後押しをしてもらうのもいいだろう。

僕も、ストレスを感じたときはよく大好きなアニメを観て泣くようにしている。

また僕自身の経験上、こまめに涙をながしてガス抜きをした方が、ふとしたときに急に泣いてしまうのを防ぎやすい。

泣きたくないのに泣いてしまうのは、ずっと我慢し続けてきたストレスが限界を迎えたときなのだ。

しんどい気持ちには蓋《ふた》をせず、涙と一緒に洗いながしてあげよう。

しかし、図らずも泣いてしまうような繊細で優しい人が報われる世界になってほしいと切に願う。

誰もいないトイレでひっそりと泣いたことがある人や、人前で泣いてしまって消えたくなったことがある人や、家に帰ってから泣きながらご飯を食べたことがある人に、お腹いっぱいになるくらいの大きな幸せが訪れますように。

涙は心の洗浄剤

7

散歩は
メンタルを安定させる
最強習慣

僕は悩み事が生じてしまったときは決まって散歩に出かける。

よく晴れた日に外の世界を歩いていると、確かに心がスッキリとする感覚を味わうことができる。

アメリカの作家、デール・カーネギーが言った、

「悩み事は、散歩して忘れ去るのが一番だ。まあちょっと外へ出てみたまえ。ほら、悩み事なんか、翼が生えて飛んでいってしまう」

この言葉通り、モヤモヤしたときは外の空気を吸いに出てみるのも一つの手かもしれない。

僕が散歩を習慣にするようになったきっかけは、うつ病を患ったことだ。こころのお医者さんに「うつ病を治すためには、朝の散歩が効果的です」と教わり、それを実践し始めた。

最初は外に出ることさえもしんどさを覚えたが、だんだんと歩くことに気持ちよさを感じられるようになった。

それに伴い、前向きな気持ちが湧くようになり、うつ病の症状も少しずつ回復していった。

散歩は、特にネガティブ思考に陥りがちな人に取り入れていただきたい習慣だ。家の中という狭い空間から飛び出して、外の世界を歩いていると、より広い視野で物事を俯瞰《ふかん》的《てき》に考えることができるようになる。

一度考え事を始めたら、それがどんどん悪い方向に暴走していってしまうような、そんなネガティブ思考の連鎖を断ち切ることができる。

悩み事がきれいさっぱりなくなるとまでは言わないまでも、心のモヤモヤが軽減される実感を得ることはできるだろう。

また、散歩はメンタルの安定に効果が絶大であることがわかっている。

日中に散歩をして日光を浴びることで、脳内で「幸福物質」と呼ばれるセロトニンというホルモンが分泌される。

このセロトニンの分泌によって、次のような効果が期待できる。

・ストレスや疲労の軽減
・うつ症状を抑える
・自律神経の調整
・睡眠の質の向上　など

まさにセロトニンは、天然の精神安定剤といえるだろう。

散歩をするタイミングとしては、朝起きてから1時間以内に、20分前後の朝散歩をすることがおすすめ。

樺沢紫苑《かばさわしおん》氏『精神科医が教えるストレスフリー超大全』では、「起床後1時間以内に、15～30分の散歩を行う」ことが朝散歩の基本方法として紹介されている。また、30分以上散歩してしまうと、セロトニン神経が疲れて、かえって効果が薄まってしまうため注意していただきたい。

樺沢氏によると朝という時間帯もポイントで、できれば10時までの午前中に散歩をすることも推奨されている。

ちなみに僕はこの朝散歩だけではなく、夜にもよく散歩をする。好きな音楽を聴きながら、街が眠りにつく瞬間を見届ける。自分の世界に入り込み、理不尽な現実との戦いで傷ついた心をリフレッシュさせてあげる。そして、自分の気持ちに整理をつけることで、また明日からも頑張ろうという意欲が湧いてくるのだ。

とはいえ、気力や体力がないときに、無理に散歩に出かけようとするのは逆効果になる場合もある。

いつだって最優先は、無理をしないこと。頑張るのは、頑張りたいと思ったときだけでもいい。

しかし、一度散歩のよさに気付くことができれば、それはあなたの日常の一部へと溶け込むことだろう。

自分のペースで、ぜひ歩くことを楽しんでみてほしい。

家で悩むな。
外に出て悩め

8

悩みをスッキリとさせる裏技、言語化を身に付けよう

「あなたは今現在、なにか悩みを抱えていますか？」

この本を読んでくれている人の多くが、この問いに対して「ＹＥＳ」と答えるのではないだろうか。

ただ心穏やかに生きていきたいだけなのに、気が付けば何かしらの悩み事に頭の中を支配されてしまうものだ。

ではもう一つ質問をしたい。

「その悩みは考えて答えが出るものですか？」

この問いに対しては、きっと多くの人が「ＮＯ」と答えることだろう。

考えて答えが出る問題に、人は頭を悩ませない。

どれだけ考えても、悩み事の答えは出ない。

にもかかわらず、考えないようにしようとしても考えることをやめられない。

それどころか考えれば考えるほどに問題は複雑化していく。

最終的に、まるでどこに行けば出口があるのかわからない迷路に迷い込んだかのような感覚に陥り、自分の人生を停滞させてしまうのだ。


当然のことながら、悩み事は根本的に解決することが最も望ましい。

けれど、それが困難だから苦労するというものだ。

そこで重要になってくるのが、「解消」だ。

悩みの「解決」は難しくとも、「解消」という手段を用いて心のモヤモヤを取り除けば、物事を前向きに考えられる余地が生まれる。

場合によっては、「どうしてあんなことで悩んでいたのだろう」と吹っ切れることだって無きにしも非《あら》ずである。


その解消の手段として、僕が実践している裏技が「言語化」である。

言語化とは文字通り、悩みを言葉にすること。

自分は何に悩み、なぜ悩んでいるのか。

その悩みを抱えることによって、自分には現在どういった感情が湧いているのか。

自分が思っていることや感じていることのすべてを、言葉にすることで頭の外にはき出してあげるのだ。

悩みを言語化することで、自分の考えていることを客観視し、複雑に絡まってしまった悩みを、シンプルに整理することができる。

頭の中で考え事が堂々巡りしてしまい、思考回路が暴走するのを防ぐことができるのである。

そして、頭の中がスッキリとすることで、心持ちがふっと軽くなる実感を得ることができる。

言語化の方法としては、人に話すことがおすすめだ。

誰かに悩みを聞いてもらっただけで気分が軽くなった、という経験をしたことがある人は多いだろう。

それは勘違いなどではなく、脳科学的にも効果が証明されている。

樺沢紫苑氏の『言語化の魔力』によると、人に共感されたときにオキシトシンというホルモンが分泌されるという。このオキシトシンはセロトニンと同様に「幸福物質」と呼ばれていて、ストレス解消や心と身体のリラックスを促す効果、ほかにも免疫力アップなど多くの効果をもつことがわかっている。

もし、話をする相手がいない、もしくは今すぐに悩みを解消したいという場合は、悩みを紙に書き出すだけでも効果がある。

考え事が収まるまで、感情的になっているのが収まるまで、紙に今思っていることをありったけ書きなぐり続けること。

悩みを文字に起こし続けることで、だんだんと心のモヤモヤやイライラとした感情が落ち着いていく感覚を、身をもって感じることができるだろう。

悩みを悩みのまま放置すると、心身が疲弊する原因となる。

言語化という裏技を用いて、頭の中を整理整頓《せいとん》してあげよう。

悩みは
言葉にして掃き出すことで、
心の中のお掃除を

9

ネガティブ沼に飲み込まれないためのＳＮＳとの向き合い方

現代を生きる人々にとって、SNSは切っても切り離せない日常の一部と化している。

しかしSNSは、人のメンタルが乱れる大きな要因の一つであることをご存じだろうか。

ネガティブなニュースがながれてきて、自分までもがネガティブな気分になってしまったり。

自分よりも充実していそうな他人の人生を見せつけられて、強い劣等感を抱いたりしてしまうこともあるだろう。

しかし、SNSはやめたくてもそう簡単にはやめられないのがまた悩みどころである。

SNSを見ていないと、まるで自分だけ世界から取り残されているような感覚に陥ってしまう。

くわえてSNSは、最も手軽に刺激を得ることができるツールでもある。

仕事や人間関係で疲れきって何もする気力が起きなくなったときでも、SN

Sを見ることだけはできるという現象を経験したことがある人は多いはずだ。

だから僕は、「SNSはやらない方がいい」なんて押し付けがましいことは言わない。

SNSは見てもいい。

大切なのは、SNSとの向き合い方を工夫すること。そうすることでネガティブな気分に飲み込まれることがぐっと減る。

ぜひ次に紹介する方法を今日から試してみてほしい。

①否定的なコメントをしない。反応もしない。
これは「誹謗《ひぼう》中傷はよくない」というだけの話ではなく、あなたのメンタルを守るためにも重要なことだ。

誰かの投稿に対して否定的なコメントをすると、高い確率でまた他の誰かから攻撃的なコメントをぶつけられる。

また、自分あての過激なコメントに対して否定的な言葉で反応しても、余計に相手をヒートアップさせてしまうだけだ。

それらがたとえ画面上の文字の羅列のやりとりに過ぎないとしても、あなたの心は確実にダメージを負ってしまうため、注意が必要だ。

②「見たくないものは見ない」というスタンスを徹底する。
ネガティブなニュースや、見ていて劣等感を抱いてしまう他人の投稿は、ながれてきてもすぐにスルーをすること。

どうしても気になって見てしまうという人は、自分のタイムラインにその人の投稿がながれてこないようにする「ミュート機能」を活用するのもいいだろう。

「ブロック機能」とは違って相手に通知がいかないため、見たくないものは心のままにばんばんミュートしていこう。

③好きなものに触れるツールとしてSNSを利用する。
可愛い動物の投稿や、好きなアイドルに関する投稿など、見ていてポジティブな気持ちになれる投稿でタイムラインを埋め尽くせば、SNSはむしろ日常

を彩る手段として利用することができる。

実際に僕は推しの配信者のアカウントや、イラストレーターさんのアカウントなど、自分の好きな人のみをフォローする**「趣味アカウント」**をつくって楽しんでいる。

画面をスクロールしているだけで幸せな気分になれるので、推しがいる人はぜひ真似してみてほしい。

④「他人からの評価」よりも「自己満足」を重視してSNSを利用する。

他人にどれだけ「いいね」をもらえるかどうかに縛られると、数字次第で自身の情緒が左右されてしまう。

それよりも、自分がどんな投稿をしたいのかに着目することで、SNSを楽しむ余地が生まれるのでおすすめだ。

触れる機会が多いSNSだからこそ、できる限りストレスフリーで、むしろ幸せになるような使い方を目指していこう。

SNSは

推しの投稿を眺める

ツールくらいに考えよう

エピローグ

本を出版することは、僕の一つの夢だった。

元々は、フリーランスとして成功することで本を出したいと考えていたが、実際はうつ病で無職引きこもり生活を経験することで、本を出版することになった。

人生は、まったくもって何が起きるかわからないものだ。


この本を書き終えて、今一度、自分自身と向き合ってみる。

生きていれば楽しいと思えることもあるけれど、ずっとうっすらとした不安に付きまとわれている。

思い通りにいかないことが続けば自分はなんて運が悪いんだと嘆きたくなるし、死にたいと思うこともある。

相変わらず生きるのが下手くそで、まわりの人達にとっての当たり前を当たり前にこなすことができなくて、不器用な自分を嫌いだと思ってしまう。

僕は今でも、れっきとしたネガティブ人間だ。

だけど、そんな自分がいてもいいと、今は思う。

きっと、生き方に「良い」も「悪い」も存在しないのだろう。

ポジティブな生き方が「良い」というわけではなく、ネガティブな生き方が「悪い」というわけでもない。

そこにはただ、**「生き方の種類の違い」**があるだけなのだ。

確かに、ポジティブな人達の楽観的な生き方は、僕にはできない。

だけど反対に、彼らあるいは彼女らには、僕のようなネガティブな生き方はできないのだ。

ネガティブでいることは、僕という人間に与えられた役割のような

ものだ。

そう考えると、自分自身の人間性が、少しだけ愛《いと》おしく思えてくる。

それに、僕が今まで関わってきた人の中で、「この人の人間性、素敵だな」と思った人の多くが、ネガティブな人だったような気がする。

ネガティブだからこそ他人の痛みに共感でき、相手の話を最後まで聞いて寄り添うことができる。

ネガティブだからこそ思慮深く、新しい視点でのアイディアを教えてくれる。

ネガティブだからこそ感受性が豊かで、物語や芸術についてよりさまざまな視点で語り合える。

ポジティブな人にはポジティブな人なりの輝きがあるが、ネガティブな人にはネガティブな人なりの奥深さがあるように僕は感じるのだ。

だから、無理して前を向こうとしなくてもいい。

ネガティブな自分を、否定しすぎる必要はない。

自分のことを嫌いだと思っても、そんな自分ごと受け入れてあげてほしい。

あなたにはあなたなりの生き方が、きっとあるはずだ。

あなたがあなた自身の人生を受容することができる日が、訪れますように。

ところで、この本で紹介した思考法や習慣は、いきなりすべてを試そうとする必要はまったくない。

むしろ、なんでもかんでも欲張って手を出そうとし過ぎると、余計に疲労やストレスが溜《た》まってしまう。

いつだって、焦らず無理せず自分のペースで。

「頑張らなきゃ」ではなく「頑張りたい」という気持ちを大切にしてほしい。

最後に、この本の制作に携わっていただいた皆様に、お礼を申し上げます。

僕の体調を最優先に気遣ってくれた編集者の笹川さん、文章のイメージにぴったりと合ったイラストを担当してくださったそねぽんさん、表紙などのデザインを担当してくださった坂川さん、誤字・脱字などのチェックをしてくださった校正者の皆様、そしてこの本を手に取ってくださった読者の皆様。

本当に本当に、ありがとうございます。

読んでくださった皆様に一つだけ
お願いをさせてください。
もしよければ、SNSにこの本を読んだ感想を
投稿していただけると嬉《うれ》しいです。

#明けない夜があるのなら
夜更かしを楽しめばいい

をつけてポストなどしていただけると、
僕自身チェックがしやすくて非常に助かります。
気に入ったページや文章などの写真を撮ったり
スクリーンショットを撮ったりして
アップしていただくのも大歓迎です。
皆様からのご感想、楽しみにしております。
それでは、一緒に夜更かしを楽しみましょう。

主要参考文献・サイト一覧

- 小林武彦『なぜヒトだけが老いるのか』（講談社、２０２３年）
- 鈴木祐『無（最高の状態）』（クロスメディア・パブリッシング、２０２１年）
- 岸見一郎、古賀史健『嫌われる勇気 自己啓発の源流「アドラー」の教え』（ダイヤモンド社、２０１３年）
- イルセ・サン、枇谷玲子訳『鈍感な世界に生きる敏感な人たち』（ディスカヴァー・トゥエンティワン、２０１６年）
- 西野精治『スタンフォード式 最高の睡眠』（サンマーク出版、２０１７年）
- 吉田昌生『１日10分で自分を浄化する方法 マインドフルネス瞑想入門』（ＷＡＶＥ出版、２０１５年）
- 川野泰周『精神科医の禅僧が教える心と身体の正しい休め方』（ディスカヴァー・トゥエンティワン、２０１８年）
- トキオ・ナレッジ『メンタルにいいこと超大全 自律神経の整え方＆ストレスフリーのコツが１時間でサクッとわかる！』（宝島社、２０２０年）
- ドロシー・カーネギー編、神島康訳『カーネギー名言集〈新装版〉』（創元社、２０００年）
- 樺沢紫苑『精神科医が教えるストレスフリー超大全 人生のあらゆる「悩み・不安・疲れ」をなくすためのリスト』（ダイヤモンド社、２０２０年）
- 樺沢紫苑『言語化の魔力 言葉にすれば「悩み」は消える』（幻冬舎、２０２２年）

PROFILE

よでぃ

1998年生まれ。神奈川県横浜市出身。大学在学中から卒業後の期間にうつ病やアトピー性皮膚炎を患い、人生のどん底に落ちる。この経験がきっかけとなり、「同じように人生に生きづらさを抱える人たちとその辛さを共有したい」という思いからSNSでの発信をスタート。Xにて「日々の生きづらさのモヤモヤを言語化」するポストが支持を集めている。趣味はアニメ鑑賞、ゲーム、読書などインドア系全般。

X:@yod_blog

明《あ》けない夜《よる》があるのなら夜更《よふ》かしを楽《たの》しめばいい

ネガティブなままこの世《よ》を生《い》き抜《ぬ》くための30のレッスン

2025年1月28日　初版発行

著者　よでぃ
発行者　山下直久
発行　株式会社KADOKAWA
〒102-8177　東京都千代田区富士見2-13-3
電話 0570-002-301（ナビダイヤル）

印刷所　大日本印刷株式会社
製本所　大日本印刷株式会社

● お問い合わせ
https://www.kadokawa.co.jp/（「お問い合わせ」へお進みください）
※内容によっては、お答えできない場合があります。
※サポートは日本国内のみとさせていただきます。
※Japanese text only

定価はカバーに表示してあります。

ISBN 978-4-04-607184-2　C0095